いちから始めるインドカレー

簡単なのに本格味、とっておきの63カレー

マバニ マサコ

Basic Indian Curry

柴田書店

プロローグ

インド料理のことに話が及ぶと「チキンカレーが好きなんです。」といわれる方がとても多いのに驚かされます。日本の国民食でもあるカレーですが、チキンカレーといえばスパイシーなあの味、インドのチキンカレーがおいしいという方がたくさんいらっしゃるようです。

実は一言でインドカレーといっても、もともとインド料理にはカレーという料理のくくりはなく、インド料理の中でもソースのあるものがインド国外に出て、はじめてカレーと呼ばれるようになったようです。

そしておもしろいことに、実はスパイスの扱い方も様々で、東西南北それぞれの地方により、使うスパイスも、料理に加えるタイミングや加え方も異なってきます。これがインドカレーのおもしろさのひとつでもあり、インド料理の奥行きでもあります。インド料理の研究をする中、宗教やその地方の食材で、本当に色々なお料理があるのだなあと、まだまだその奥深さに感動する毎日です。

この本ではインドの家庭で作られているチキンカレーやえびカレーを作ることから始め、レストランで人気のお馴染みのメニュー、ちょっとマニアックなものまで、どなたにでも楽しんでいただけるようなレシピをたくさん盛り込んでみました。

ちょうど去年の初春から「この本1冊でインドカレーが大体わかる」という本を作りたいと、1年間に渡りじっくり煮詰めて仕上げた本です。油や塩分を極力抑えているのに、インド人が食べてもおいしいというレシピを載せたかったので、インドをルーツに持つ私の夫でさえ、へきえきするほどの試作と試食も重ねました。インドカレーを作るときに生まれる数々の疑問に、日本でも作りやすい作り方とコツを織り込みながら、ほとんど全品がプロセス写真付の解説で作りました。インドカレーでも日本で作ることが前提ですから、日本で日常的に使われている調理用具や、手に入りやすい材料で仕上げ、本物の味を損なわない工夫もしました。

その作業は私ばかりでなく、この本の制作にかかわっていただいたすべての皆様にとっても膨大なもので、とてもたいへんな作業だったと思います。

お陰様でインド料理がはじめての方から、インド料理が大好きな方まで、また新しくメニューを開発したい方にも、ご愛読していただけるような本に仕上がったと思います。柴田書店を始め、この本の製作にかかわってくださったすべての皆様の「よい本を作ろう」という気魄に、心から感謝するばかりです。

この本で作ったカレーを持ち寄って、皆さんでわいわいと楽しんで頂き、「おいしかった！」という声と笑顔が溢れることを心から願っています。

マバニ マサコ

contents

プロローグ　3
おいしいカレーを作るために──基本の基本　6
ホールスパイス　8
パウダースパイス　9
インドカレーに使用する食材・ハーブ　10

チキンカレー、ミートカレー

はじめてのチキンカレー　12
チキンコルマ　14
南インドのチキンチェティナード　16
マンガロールのココナッツチキンカレー　18
バターチキン（チキンマカニ）　20
チキンジャルフレイジ　22
チキンドピアッザ　24
チリチキン　25
ヨーグルトチキン　28
ハイダラバードの白いカレー　29
グリーンチキンカレー　29
ボンベイチキンカレー
（ムンバイの辛くて甘酸っぱいカレー）　32
黒胡椒チェティナード　32

黒胡椒チキンカレー（ドライ）　33
西インドの鶏団子トマトカレー　36
パンジャブ州のチキンコフタカレー　37
ビーフブナ　40
キーマカレー（ソース）　41
クリーミーミートボールカレー　44
南インドのコフタカレー
（ミートボールカレー）　45
ビーフココナッツフライ（ウラティヤトゥ）　48
トマトカレー（タマターゴッシュ）　49
ビーフチリフライ　49
アングロラムコルマ（クリーミーラムカレー）　52
ローガンジョッシュ　53
パンジャビラムコルマ（トマトラムカレー）　53
ラムチリカレー（ブナゴッシュ）　56
ポークビンダルー　57
ポークチリ　57

ちょっとひと休み（チャツネ）　60
りんごのチャツネ
パイナップルとレーズンのチャツネ
クランベリーのチャツネ

えびカレー、シーフードカレー

はじめてのえびカレー 62
マラバーのえびカレー 64
ベンガルのご馳走カレー 66
デヴィルプラウンカレー 68
えびのコフタカレー 70
ゴアのえびカレー 72
マドラスプラウンカレー 73
プラウンマサラ(えびと青唐辛子のカレー) 73
えびのグリーンカレー 76
プラウンパティア 76
ハイダラバードのえびトマトカレー 77
スパイシーシーフードカレー 80
ミックスシーフードカレー 81
フィッシュマパス(白身魚のケララカレー) 84
平目のモーリー(平目のスパイシーカレー) 85
鱈のチャパラプリュス(鱈のトマトカレー) 88
アサリのクリームカレー 89
アサリとココナッツのドライカレー 89
ホタテのチャパラプリュス
(ホタテのトマトカレー) 92
ホタテのモーリー(ホタテのクリームカレー) 93
白身魚のグリーンドライカレー 96
白身魚のレッドドライカレー 97

ちょっとひと休み（ライタ） 100
トマトのライタ
にんじんのライタ
ブルーベリーのライタ

野菜カレー

アルーゴビマター 102
ミックスベジタブルカレー 104
オクラとズッキーニのカレー 105
なすのバルタ 105
なすとじゃがいものカレー 108
ほうれん草とマッシュルームのカレー 109
ダルパラック（豆とほうれん草のカレー） 109
ほうれん草と卵のカレー 112
トマトと卵のカレー 112
チリチャナ 113
大根のサンバル 116
ラサム 116

インドカレーをより本格的にする
スパイス・食材 119
食材入手先リスト 120

＊本書の大さじ1は15ml、小さじ1は5ml（いずれもすり切り）です。
＊本書の計量カップは米計量用（180ml）を使用しています。
＊本書では玉ネギ大270g、中240g、小150g。赤玉ネギ大240g、中200g。トマト大240g、中220g、小140g（各1個の重量）を目安としています。
＊本書で使用しているトマト缶詰は1缶400g、ココナッツミルクは1缶400mlのものです。
＊本書のレシピの分量は、特に表記してあるものを除きすべて2～3人分を目安としています。これは、そのカレーを単独で食べた場合の分量で、あくまでも目安です。
＊本書ではチキンスープ、フィッシュスープなどのだしはおもに自家製を使用していますが、顆粒や缶詰などの市販品もあります。

撮影　日置武晴
デザイン　中村善郎　yen
スタイリング　マバニ マサコ
編集　長澤麻美

おいしいカレーを作るために──基本の基本

始める前に
- 本書では日本の家庭で使われている調理用具でも、本格的なカレーが作れるように工夫しました。ハンドミキサー（ブレンダー）やミキサーがあればソースを作るときに便利ですが、なければなくても作れます。
- 本書のレシピのほとんどが、油は植物油を中心に大さじ1杯程度の少量で、おいしいカレーが作れるように構成されています。
- ホールスパイスとパウダースパイスは別々に加えることが多いので、計量するときにも必ず分けてください。
- 塩とチリパウダーは各家庭で使っているものにより塩辛さ・辛さが違うので、好みにより調整してください。

時間を短縮する
- 材料の横に切り方が書いてあります。まず料理を作る前にすべてのスパイスを計量し、野菜も切っておけば、作る手順がより簡単になります。
- 玉ネギを炒めるときに少量の塩を加えたり、電子レンジにかけてから炒めると時間が短縮できます。炒め玉ネギは冷凍できますので、時間のあるときに作り、薄く延ばして冷凍しておいてもよいでしょう。また時間がないときには、市販の炒め玉ネギを使うことも可能です。
- チキンカレーやミートカレーで、ヨーグルトやスパイスなどに肉を漬け込む場合は、ジップロックやビニール袋などの中にすべての材料を入れて混ぜ合わせてもけっこうです。

味の調整
- カレーはスパイスと材料の旨みのバランスでおいしさが決まります。野菜の味の濃さ、水分量の多少、肉や魚、エビなどの旨みの出方により、パウダースパイスの必要量も若干変わってきます。食卓に出す前に必ず味見をしてスパイスの最終調整をしてください。
- スパイスが物足りないときには塩を少量加えることでスパイスの味が立ってきます。それでもスパイスが物足りないと思ったときには、まずコリアンダーパウダーを小さじ1/2ほど加えてみてください。
- コクが足りないと思ったら、トマトペーストまたは炒め玉ネギを小さじ1杯分ほど加えるとよいでしょう。
- 塩辛くなりすぎたカレーソースには、ジャガイモを入れて煮込むと、ジャガイモが塩分を吸ってくれます。
- カレーソースが辛すぎてしまったら、レシピの味からは少し離れてしまいますが、ヨーグルトを加えるかまたは生クリーム、ココナッツミルクを加えるとマイルドになります。

カレーの保存
- チキンカレー、ミートカレーは、時間をおくとスパイスが肉によく浸透して味に深みが出ます。作ってすぐでもおいしく食べられますが、冷蔵庫で保存し、作った翌日に食べるとよりおいしく召し上がって頂けます。どちらも冷凍保存可能です。
- えびカレー、シーフードカレーは、何度も温めなおすと魚介が固くなります。どちらも冷凍保存はお勧めできません。
- 野菜のカレーも時間をおくとスパイスが野菜と馴染み、味に深みが出ておいしくなります。冷凍保存も可能。ただし例外もあります。

スパイス使いのコツ

- インドカレーのほとんどは、最初にホールスパイスを油で温めて成分を抽出させる工程から始まります。このときもっとも基本的に使われるクミンシードは、一番はじめに揃えたいスパイスで、インドカレーの骨格を作る役割を担うといってもいいでしょう。また西インドや南インドでは、クミンシードのかわりにマスタードシードが主役になることもよくあります。

  これらを単独で使うこともありますが、他のホールスパイスを合わせて使うと、より深みのある味わいになります。

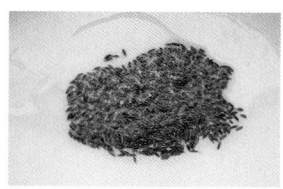
油とクミンシードを合わせて弱めの中火で温める。クミンシードのまわりが泡立ち始めたら、生姜、ニンニク、玉ネギなどの香味野菜を入れるタイミング。

油とマスタードシードを合わせて弱火で温める。マスタードシードは熱するとはじけて飛び散るので、音がし始めたら、蓋をして火を弱める。

他のホールスパイスと合わせて熱するときも、クミンシードやマスタードシードの変化を目安に。クミンシードやマスタードシードを使わない場合は、スパイスの香りが立ったところが、香味野菜などを加えるタイミング。

- パウダースパイスは最初に計量し、同時に加えるものは合わせておくとよいでしょう。加えるタイミングは様々ですが、多くは同時に加えます。南インドなど一部の地域では、合わせたパウダースパイスに水を加え、あらかじめペースト状にしておくこともあります。

あらかじめ合わせておけば、手順は簡単。

パウダースパイスに、水を加えてペーストに。

- タルカ（テンパリング）

  スパイスの香りを一番最後にトッピングする上級ワザです（p.117参照）。

油とホールスパイスを合わせて熱し、料理が仕上がる寸前に油ごと加える。

ホールスパイス
Whole spices

使い方のポイント

カレーのおいしさに深みを加えるのはホールスパイスです。野菜カレーのときにはホールスパイスを使わないことも多々あるのですが、肉や魚を使ったカレーには、このホールスパイスを使うことで味が格段に変わってきます。ホールスパイスはパウダースパイスと違い、必ず油にその成分を溶かし出して使います。鍋または深めのフライパンに油とホールスパイスを入れ、ゆっくり温めることがその香りとコクを上手に引き出すコツです。ホールスパイスは単品で使うよりも、何種類かの組み合わせで使うとより奥深い香りになります。合わせ方はそのカレーによって異なるのですが、基本的に合わせるとよいスパイスの組み合わせを、「ブーケガルニ」として各扉ページ（p.11、p.61、p.101）でご紹介しています。すべて揃わなくても、その中から揃えられるものだけでも使ってみてください。

クミンシード
カレーの香りを作る中心的存在で必需品。焦げやすく、焦がすと苦みが出る。消化・整腸を促すスパイスで、インドのほとんどの家庭に常備されている。

乾燥赤唐辛子
（ドライレッドチリ）
辛みのほかに甘い独特な香りを加える。古くなると鮮やかな赤から黄ばんで茶色くなる。

シナモン
甘く深みのある香り。インドではより重みのある香りのカシアバーク（写真右）を使うこともある。本書では製菓用のシナモンスティックも使用可。

ベイリーフ
ローリエともいう。優しく甘い香り。カレーで使用する場合には、2カ所ほど切り込みを入れて使うこともある。

クローブ
重く深みのある香り。揮発しやすく香りが飛びやすい。頭が丸いものを選ぶとよい。香りが強いので、入れすぎると他のスパイスとのバランスが崩れる。

マスタードシード
油で温めるとゴマのような香ばしい香りがする。温まると飛び散り、油に香りが馴染むと灰色に色が変わる。

グリーンカルダモン
爽やかな香りで、カレーや料理のほか、インド菓子にも使われる。緑の濃いものがよい。古くなると白っぽくなる。

パウダースパイス
Powder spices

使い方のポイント

パウダースパイスは、実はカレーによって入れるタイミングも入れ方も違います。「パウダースパイスは炒めて香りを出す」というのは、インドの北のほうのカレーでよく使われる使い方です。たとえば南のほうではパウダースパイスのデリケートな香りを焦がして損なわないために、水で溶いてペースト状にしてから使います。これはもともと石の台の上で、スパイスや生姜、ニンニクなどをつぶしてペーストを作っていた名残でもあります。また野菜カレーでは、たいていは野菜が柔らかくなってからパウダースパイスを加えます。この本ではそれぞれの使い方が出ていますので、カレーにより使い方の特徴をつかんでください。

チリパウダー
辛みと香りを出す。ものにより辛さが異なるので注意。色と香りが飛びやすい。購入後は冷蔵庫で保存すると、長く香りと色が保たれる。

ターメリック
肉や魚の臭みを取り、殺菌作用もある。豆や野菜に加えると早く煮上がる。シミをつけると落ちず、爪も黄色く染まる。入れすぎると苦みが出る。

コリアンダーパウダー
香りととろみを加える、欠かせないスパイスのひとつ。よく使うので、ホールのまま購入し、炒ってからコーヒーグラインダーなどで挽いて使うとよい。

ガラムマサラ
数種類のスパイスがミックスされたもので、バラエティーに富んだ香りを加える。メーカーによって香りが異なる。

クミンパウダー
クミンシードを炒ってから挽いたもの。カレーの香りに奥行きを与える。カレーの味のバランスが崩れたときにひとつまみ加えると、バランスが整うことがある。

＊スパイスはなるべく少量ずつ買い、密閉容器に入れて冷暗所・湿度の低い場所に保存する。特に赤い色のスパイスは色と香りが飛びやすいので、頻繁に使用しない場合には冷蔵庫で保存したほうがよい。

＊その他ブラックカルダモン、マンゴーパウダー、カスリメティ、八角（スターアニス）、ヒング、黒コショウ、フェヌグリークシード、フェンネルシードは、p.119で紹介している。

インドカレーに使用する食材・ハーブ

油・ギー・バター
本書のレシピのほとんどが、植物油を中心に大さじ1杯程度でおいしいカレーが作れるように工夫してあります。ギーはバターを加熱して溶かし、底に沈んだものを取り除いた、澄んだ部分だけで作られます。そのため加熱しても焦げにくいのが特徴です。日本では良質のギーが手に入りにくいので、本書ではギーのかわりに無塩バターを使用しています。

ヨーグルト
インドカレーでヨーグルトはほとんどの場合、肉を柔らかくするためか、ソースに加えるための2つの用途で使われます。はじめに必ずよくかき混ぜてから使ってください。加熱するときは強火で急に熱すると塊ができてしまうので、弱火でゆっくり加熱することが大切です。ヨーグルトは封を開けるとどんどん酸味が増していきます。酸味が強いヨーグルトを加えて、酸っぱくなってしまったら、少量の砂糖や炒め玉ネギなどで甘さを加え、バランスを取ってください。

玉ネギ・玉ネギペースト
玉ネギは、通常の白い玉ネギと赤玉ネギを使う場合があります。もし玉ネギが甘すぎた場合には、トマトなどの酸味でバランスを取ることが必要です。玉ネギの炒め方は、透き通る程度、軽く色のつく程度、あめ色、こげ茶色と大きく分けて4段階あります。また市販されている玉ネギのペーストはカレーのコクを出すためにとても便利です。味が少し足りないかなあ？と思ったときに加えるとコクが出ます。

トマト・トマトペースト・トマトピュレ
インドカレーではトマトの質は関係ないとよくいわれますが、やはりトマトによりカレーの味も変わってきます。高級なトマトを使う必要はありませんが、青く若いトマトよりも、熟し始めたものを使ってください。トマトの酸味が強い場合には、ひとつまみの砂糖か炒め玉ネギの甘みなどで酸味を調整してください。トマトペーストも、コクを増すものとしてよく利用されます。少量ずつ加減して加えていくことが大切です。トマトピュレは、チキンコルマなど濃厚なカレーを作るときに、生クリームやココナッツミルクと合わせて使います。

タマリンドペースト
タマリンドの実から種を取り除いたものをペースト状にし、さらに濃縮したものです。少量でパワフルな酸味があり、手軽に使えて便利です。

生姜・ニンニク・青唐辛子
この3つの薬味野菜はカレーに香りと味の深みを加えます。いずれもすりおろしたものと、みじん切りにしたものを使う場合があります。すりおろす場合は普通のおろし器を使うほか、ブレンダーを使用することもできます。生姜とニンニクを合わせて使う場合は、ほとんどが2：1の割合で合わせます（ニンニクが好きな方は1：1も可）。生姜と青唐辛子を合わせる場合は、生姜1カケに対して青唐辛子1本が通常の合わせ方です。青唐辛子は辛みのためだけでなく、香りのためにも使い、その場合は切らずにそのまま使います。青唐辛子は、触ってみて硬いものは基本的に辛く、柔らかいものは辛みが少ないので用途と好みに合わせて使い分けましょう。ヘタを除いてから冷蔵保存すると長持ちし、冷凍保存も可能です。

ココナッツミルク・生クリーム
ココナッツミルクは、特にシーフードを使ったカレーによく使います。インドではココナッツから搾りますが、日本では缶入りのもので充分おいしく作れます。ココナッツ缶を使うときには分離していることがあるので、必ずよくかき混ぜてから使ってください。
生クリームも、特に濃厚なカレーにはよく使われています。脂肪分35％以上のものを使用してください。

香菜（コリアンダー生）
インドカレーに欠かせないハーブです。ソースに加えると自然なとろみがつきます。洗うときには根元に砂や土が入り込んでいるので、ボウルに張った水の中でふり洗いしてください。保存する場合には根のあるものを選び、根の部分に水分を与えると長持ちします。使いきれなかった場合にはみじん切りまたはピュレ状にしてから薄く延ばして冷凍保存し、次にカレーを作るときに少量ずつ割って加えることも可能です。

カレーリーフ・ドライカレーリーフ
ゴマのような香ばしい香りのする木の葉で、葉のみを使用します。生のカレーリーフを使用する場合には、油が温まりホールスパイスが油に香りを放出し始めた段階で加えてください。マスタードシードも使っている場合には、マスタードシードがはじけ始めたときがカレーリーフを加えるタイミングです。ドライカレーリーフは生のカレーリーフを乾燥させたもので、日本でもインド食材店などで購入できます。

チキンカレー
ミートカレー

おいしいチキンカレー、ミートカレーを作るために

- インドのチキンカレーでは、スパイスが中まで染み込むように、鶏肉の皮はむいてから使ってください。
- ミートカレーを作るときには、肉の脂をできる限り取り除くと肉の脂がカレーの表面を覆うことなくヘルシーに仕上がります。
- チキンカレーや他のミートカレーのおいしさは、肉を柔らかくすることから始まります。そのためにはまずヨーグルトに肉を漬け込むこと（カレーによっては酢などを使う場合もあります）。肉が柔らかくなり、同時にスパイスも肉の中に浸透しやすくなります。この漬け込みの作業をインドでは12時間以上するときもあるほどです。本書では各レシピに最短の漬け込み時間を示してあります。
- 肉のカレーは肉を入れてから強火で加熱しないでください。強火で加熱するとたんぱく質が急に固まるので肉も固くなり、ヨーグルトも固まりになってしまいます。

チキンカレー用ブーケガルニ
ベイリーフ　1枚
クローブ　3個
シナモン（またはカシアバーク）　5cm
乾燥赤唐辛子　2本

ミートカレー用ブーケガルニ
ベイリーフ　1枚
クローブ　5個
シナモン（またはカシアバーク）　5cm
乾燥赤唐辛子　2本

チキンカレー　**はじめてのチキンカレー**

スパイスを使ったチキンカレーが、最小限のスパイスでおいしく仕上がるように工夫してみました。
下記の「もっと本格的にするなら」を参考にして頂ければ、より本格的なチキンカレーに仕上がります。

材料

鶏手羽元　10本

A
- ヨーグルト（プレーン）　大さじ4
- 生姜、ニンニク（すりおろしを2：1の割合で）　大さじ2（山盛り）
- 塩　小さじ1/4

植物油　大さじ1
クミンシード　小さじ1/2

チキンカレー用ブーケガルニ（あれば。p.11参照）　1組
玉ネギ（細かいみじん切り）　中1/2個分
トマト（みじん切り）　中1½個分

B
- **チリパウダー　小さじ1**
- **ターメリック　小さじ1**
- **ガラムマサラ　小さじ2**

香菜（粗みじん切り）　大さじ3（山盛り）
塩　適量

1. 鶏肉は水洗いして水気を完全にふき取り、皮をむいておく。
2. Aを混ぜ合わせて1の鶏肉によくもみ込み、冷蔵庫に30分おく。
3. 厚手の鍋に油とクミンシードを入れて（あればチキンカレー用ブーケガルニも）、弱めの中火で温める。
4. クミンシードのまわりに泡が立ち始めたら、玉ネギを入れ、かき混ぜながら火を通す。
5. 玉ネギが透き通り柔らかくなったらトマトを加え、蓋をして弱火で加熱する。
6. トマトが崩れたら、常温に戻した2をすべて入れ、Bのパウダースパイスも加え、蓋をして弱火で加熱する。
7. 鶏肉の表面が白くなったら香菜を加え、塩加減を調整し、蓋をして鶏肉が柔らかくなりソースにとろみがつくまで加熱する。

▶ ポイント
- 鶏の皮は、皮の端の三角形の部分からナイフを入れて皮を引きながらむき、先端の脂はハサミで切り取る。
- トマトの質などによりソースにコクが出ない場合は、トマトペースト小さじ1/2、またはチキンスープ（顆粒）小さじ1を加えるとコクが出る。

▶ もっと本格的にするなら
- Aにターメリック小さじ1/2（分量外）を加える。
- チキンカレー用ブーケガルニはあるものだけでも加えるとよい。
- 6で炒め玉ネギ（あめ色。市販品可）大さじ1を加える。
- Bにコリアンダーパウダー小さじ2（山盛り）、粗挽き黒コショウ小さじ1/4を加える。

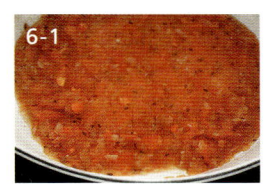

チキンコルマ

レストランでもお馴染みのメニュー、コルマは、クリームやココナッツミルクを使って
マイルドに仕上げたカレーです。ここではレストランのコルマのように缶詰のトマトを使っていますが、
おいしく味の濃いトマトが手に入ったときには生のトマトで仕上げてください。
またまったく違う爽やかなおいしさが楽しめます。

材料
鶏胸肉（皮なし。大きめの一口大に切る）　300g
A
├ ヨーグルト（プレーン）　1/2カップ
└ 生姜、ニンニク（すりおろしを2：1の割合で）
　　　大さじ2
植物油　大さじ1
クミンシード　小さじ1
チキンカレー用ブーケガルニ（あれば。p.11参照）
　1組
玉ネギ（繊維を断ち切るように薄切り）　大1/2個分

B
├ **コリアンダーパウダー**　小さじ2
├ **ガラムマサラ**　小さじ1/2
└ **チリパウダー**　小さじ1/2
C
├ トマト缶詰　1/2缶（200g）
├ トマトペースト　大さじ1
├ トマトピュレ　大さじ3
└ 炒め玉ネギ（こげ茶色。市販品可）　小さじ2強
D
├ ココナッツミルク　90ml
└ 生クリーム　90ml
塩　小さじ1/2〜の適量

1　Aを混ぜ合わせて鶏肉によくもみ込み、冷蔵庫に30分以上おく。
2　厚手の鍋に油とクミンシードを入れて（あればチキンカレー用ブーケガルニも）、弱めの中火で温める。
3　クミンシードのまわりに泡が立ち始めたら、玉ネギを入れ、かき混ぜながら火を通す。
4　玉ネギが透き通ってきたら、Bのパウダースパイスを加え、よく混ぜる。
5　玉ネギが柔らかくなったらCを加え、トマトをつぶしながらよく混ぜ、蓋をして弱火で5分ほど加熱する。
6　Dを加えて混ぜ、蓋をはずして弱火で5分ほど加熱し、とろみをつける。
7　玉ネギがとろけるほど柔らかくなったらいったん火を止め、ブレンダーでなめらかなソースにする。
8　塩で味を調え、常温に戻した1をすべて加え、蓋をして弱火で鶏肉に火が通るまで加熱する。

▶ もっと本格的にするなら
・火からおろす寸前に、あれば好みでカスリメティ（p.119参照）小さじ2を加えてもよい。

南インドのチキンチェティナード

南インドのタミルナドゥー州チェティナードのカレーです。スパイシーで比較的あっさりしたソースが特徴です。このあたりはかつて貿易が盛んで中国からの影響も受け、八角を加えて作るチェティナードカレーが生まれたそうです。インドの中でも食べ物が辛くておいしいという評判通り、とても深みのあるなんともいえないおいしさです。

材料

鶏胸肉(皮なし。一口大に切る) 300g
A
├ レモン果汁 大さじ1
└ ターメリック 小さじ1/4
植物油 大さじ1＋大さじ1
B
├ クミンシード 小さじ1/2
├ チキンカレー用ブーケガルニ(あれば。p.11参照) 1組
└ 八角 1/2個
ココナッツファイン 大さじ4
玉ネギ(みじん切り) 大1個分
生姜、ニンニク(すりおろしを2:1の割合で) 大さじ2(山盛り)
トマト(粗みじん切り) 中2個分
C
├ コリアンダーパウダー 小さじ2(山盛り)
├ チリパウダー 小さじ1/2
├ ターメリック 小さじ1/2
├ ガラムマサラ 小さじ1/4(山盛り)
└ 塩 小さじ1/2～の適量

1 Aのレモン果汁にターメリックを溶かしたものを、鶏肉に加えてよく混ぜておく。
2 厚手の鍋に油大さじ1とBを入れ、弱めの中火でかき混ぜながら加熱する。
3 クミンシードのまわりに泡が立ち始めたら、ココナッツファインを加えて弱火でかき混ぜ、キツネ色になったら皿に取り出しておく。
4 空になった3の鍋に油大さじ1と玉ネギを入れ、中火で加熱する。
5 玉ネギが透き通ったら生姜、ニンニクを加えて混ぜる。
6 5にトマトを加え、蓋をして中火で加熱する。
7 トマトの形が崩れてきたら3を加えてよく混ぜ、Cも加え、蓋をして中火で加熱する。
8 トマトの形が完全に崩れたら1の鶏肉を加え、鶏肉が柔らかくなるまで蓋をして弱火で加熱する。

▶ もっと本格的にするなら
・あれば2でフェンネルシード小さじ1/4を、好みで加えてもよい。

マンガロールのココナッツチキンカレー

南インドのマンガロールのカレーはココナッツとカレーリーフの生葉がよく使われます。
ここでご紹介するマンガロールのカレーはPremの自信作、我が家の定番カレーです。
カレーリーフの生葉は南インド料理には欠かせない、ゴマのような香りのする葉です。これがなくても
このカレーは作れますが、夏になると日本でも販売するところが出始めましたので、
手に入ったらぜひお試しください。

材料

鶏モモ肉（皮なし。小さめの一口大に切る）　300g

A
- 生姜、ニンニク（すりおろしを2：1の割合で）
   大さじ1（山盛り）
- レモン果汁　大さじ2
- 黒コショウ（大粗挽き）　小さじ1/4

植物油　大さじ1
クミンシード（または**マスタードシード**）　小さじ1
チキンカレー用ブーケガルニ（あれば。p.11参照）　1組
玉ネギ（細かいみじん切り）　中1/4個分

B
- **コリアンダーパウダー**　小さじ1
- **チリパウダー**　小さじ1/2
- **ターメリック**　小さじ1/4
- **ガラムマサラ**　小さじ1/2

C
- チキンスープ（顆粒）　小さじ1
- ココナッツミルク　200ml

塩　小さじ1/2〜の適量

1　鶏肉にAをよくもみ込み、30分以上おく。
2　厚手の鍋に油とクミンシードを入れて（あればチキンカレー用ブーケガルニも）、弱めの中火で温める。
3　クミンシードのまわりに泡が立ち始めたら、玉ネギを入れ、かき混ぜながら火を通す。
4　玉ネギが透き通り色づき始めたら、Bのパウダースパイスを加え、よく混ぜながら加熱する。
5　スパイスの香りが立ってきたら1の鶏肉を入れ、Cと塩も加え、蓋をして弱火で煮込む。
6　鶏肉が柔らかくなったら蓋を取り、とろみを調整する。

▶ポイント
・黒コショウは挽き方が細かいほど少量でも辛くなる。挽き方により分量を調整するとよい。

▶もっと本格的にするなら
・マスタードシードがあればクミンシードのかわりに使うとより本格的な味に（使い方はp.63参照）。
・カレーリーフの生葉が手に入ったら、玉ネギを加える寸前に加え、数回かき混ぜてから玉ネギを加える。

バターチキン（チキンマカニ）

バターチキンは、たっぷりのギーでスパイスを炒めて作る濃厚な味のカレーです。もともとは食通で有名なムガル帝国の王様のために作られた料理が発展し、パンジャビ料理のひとつとして完成しました。今ではそのおいしさから世界中のレストランで欠かせないメニューのひとつになっています。
ここではそのおいしさを活かしながら、ヘルシーに少量の無塩バターで仕上げました。

材料
鶏モモ肉（皮なし。大きめの一口大に切る）　500g
A
├ ヨーグルト（プレーン）　大さじ3
├ 生姜、ニンニク（すりおろしを2：1の割合で）
│　　大さじ2（山盛り）
├ **ターメリック**　小さじ1/2
└ **ガラムマサラ**　小さじ1
植物油　大さじ1
クミンシード　小さじ1/2
チキンカレー用ブーケガルニ（p.11参照）　1組
玉ネギ（みじん切り）　大1/2個分

B
├ **コリアンダーパウダー**　小さじ2（山盛り）
└ **チリパウダー**　小さじ1/2
C
├ トマト缶詰　1缶（400g）
├ 炒め玉ネギ（こげ茶色。市販品可）　小さじ2強
└ 香菜（みじん切り）　大さじ3（山盛り）
D
├ 生クリーム　200ml
└ 無塩バター　15g
塩　小さじ1/2〜の適量

1　Aを混ぜ合わせて鶏肉によくもみ込み、冷蔵庫に30分以上おく。
2　厚手の鍋に油とクミンシード、チキンカレー用ブーケガルニを入れて、弱めの中火で温める。
3　クミンシードのまわりに泡が立ち始めたら、玉ネギを加え、かき混ぜながら火を通す。
4　玉ネギが透き通り茶色く色づき始めたら、Bのパウダースパイスを加えてよく混ぜる。
5　Cを加えて混ぜ、蓋をして弱火で玉ネギが柔らかくなるまで加熱する。
6　蓋をはずして弱火で5分ほど加熱しながらとろみを調節し、Dを加える。
7　玉ネギがとろけるほど柔らかくなったらいったん火を止め、ブレンダーでなめらかなソースにし、塩で味を調える。大きなスパイスは、ブレンダーにかける前に取り出してもよい（その後鍋に戻す）。
8　7に常温に戻した1をすべて加えてよく混ぜてから蓋をし、弱火で鶏肉が柔らかくなるまで加熱する。
9　器に盛り、好みで香菜（分量外）のみじん切りを飾る。

▶ もっと本格的にするなら
・8の鶏肉に半分火が通ったところで、好みでカスリメティ（p.119参照）小さじ2を加えてもよい。
・生のトマトで作りたい場合は、トマト大2個をみじん切りにして使用し、トマトペースト小さじ1でコクを出す。

チキンジャルフレイジ

ジャルフレイジは、トマトをたっぷり使った炒め物のようなカレー、といえばわかりやすいかもしれません。野菜や肉に絡みつくトロッとしたスパイシーなトマトソースが特徴です。
もともとは鶏の丸焼きなどをした翌日に残った肉を、野菜とスパイスで炒めたのが始まりのようです。
ここでは食べやすい辛さにしてありますが、お好みで辛さを調整してください。

材料（3〜4人分）
鶏胸肉（皮なし。細切り）　500g
A
├ ヨーグルト（プレーン）　大さじ1
├ **ターメリック**　小さじ1/2強
└ 生姜、ニンニク（すりおろしを2：1の割合で）
　　　大さじ2（山盛り）

B
├ **クミンシード**　小さじ1/2強
├ チキンカレー用ブーケガルニ（p.11参照）　1組
└ 黒粒コショウ　8粒
植物油　大さじ1強＋大さじ1
生姜、ニンニク（みじん切りを2：1の割合で）
　　　大さじ1（山盛り）

C
├ パプリカ赤・黄（1cm幅の細切り）　各1個分
├ ピーマン（1cm幅の細切り）　3個分
├ 玉ネギ（1cm幅の細切り）　中1個分
└ トマト（粗みじん切り）　中1個分

D
├ トマト缶詰　1缶（400g）
├ トマトペースト　大さじ2
└ トマトケチャップ　小さじ1

E
├ **コリアンダーパウダー**　小さじ2（山盛り）
└ **チリパウダー**　小さじ1/2
塩　小さじ1/2〜の適量
香菜（粗みじん切り）　大さじ3（山盛り）

1. Aを混ぜ合わせて鶏肉によくもみ込み、冷蔵庫に30分以上おく。
2. 深めのフライパンに大さじ1強の油とBのスパイスを入れ、弱めの中火で温める。
3. クミンシードのまわりに泡が立ち始めたら、常温に戻した**1**をすべて入れ、弱火で火を通す。
4. 鶏肉の表面が白くなったら皿に取り出しておく。
5. **4**のフライパンの表面をふき取り、大さじ1の油を入れて温め、みじん切りの生姜とニンニクを加える。
6. ニンニクに火が通ったらCの野菜をすべて入れ、中火で混ぜながら火を通す。
7. 野菜に火が通り始めたらDを加え、トマトをつぶしながらよく混ぜて、蓋をして弱火で加熱する。
8. パプリカがしんなりし始めたら、Eを加えてかき混ぜながら1〜2分加熱し、余分な水分を飛ばしてソースにとろみをつける。
9. 皿に移しておいた**4**の鶏肉を**8**に戻す。
10. 塩で味を調えて香菜を加え、鶏肉に火が通るまで加熱する。

▶ ポイント
・チキンカレー用ブーケガルニがすべて揃わない場合は、あるものだけでも入れたほうがおいしい。
・トマトケチャップはトマトの酸味を調整するために加える。酸味により量を加減する。
・レストランによっては山ほどの青唐辛子を加えるところもある。ここでも好みで適量の青唐辛子を**5**で加えてもよい。

▶ もっと本格的にするなら
・あれば**2**でブラックカルダモン（p.119参照）を加えると、味に深みが増す。

チキンドピアッザ

ドピアッザは玉ネギをたっぷり使ったコクのあるカレーです。
ドピアッザという名称は、玉ネギを2回に分けて調理するという意味から生まれました。
ラム肉を使うことが多いこのカレーは、ハイダラバードを代表するカレーでもあります。
ここでは手に入りやすい鶏肉を使って仕上げました。

チリチキン

インドではインドチャイナというカテゴリーのお料理があります。
インドと中国が歴史的に深くかかわってきた証でもあります。このチリチキンもそのひとつ。
カレーというよりはスパイスの効いた炒め物といったほうがわかりやすいかもしれません。
このチリチキンの一番の特徴は、スパイスとともにお醤油が使われていること。
日本人にはとても食べやすい味なのでぜひお試しください。

チキンドピアッザ

材料
鶏胸肉(皮なし。大きめの一口大に切る) 500g
A
├ ヨーグルト(プレーン) 大さじ1(山盛り)
├ 生姜、ニンニク(すりおろしを2:3の割合で)
│   小さじ1
└ **ターメリック** 小さじ1/2強
植物油 大さじ1+大さじ1
赤玉ネギ(繊維に沿って薄切り) 中1個分
B
├ 玉ネギ(ざく切り) 大1個分
├ ニンニク(皮をむく) 大2カケ
├ 生姜(皮をむく) ニンニクと同量
└ 水 大さじ1

クミンシード 小さじ1
トマト(みじん切り) 小1個分
C
├ **コリアンダーパウダー** 小さじ1強
├ **ガラムマサラ** 小さじ1/2
└ **チリパウダー** 小さじ1/2
塩 小さじ1/2〜の適量
D
├ ヨーグルト(プレーン) 90ml
└ 香菜(みじん切り) 大さじ2

1 Aを混ぜ合わせて鶏肉によくもみ込み、30分以上おく。
2 厚手の鍋に大さじ1の油と赤玉ネギを入れ、カリッと軽く焦げ色がつくまで炒め、皿に取り出しておく。
3 Bはブレンダーでペーストにする(またはすりおろす。その場合水は不要)。
4 2の赤玉ネギを取り出した後の鍋に、大さじ1の油とクミンシードを入れて弱めの中火で温める。
5 クミンシードのまわりに泡が立ち始めたら、3を加えてよく混ぜ、中火で加熱する。
6 玉ネギの水分が飛び色づき始めたらトマトを加え、蓋をして中火で加熱する。
7 トマトが崩れたらCのパウダースパイスを加えてよく混ぜ、蓋をして中火で5分ほど煮込む。
8 ソースにとろみがつき始めたら塩で味を調え、1をすべて加え、蓋をして弱火で加熱する。
9 鶏肉が柔らかくなったらDを加え、蓋をして弱火で10分煮込む。
10 9に2の赤玉ネギを加えて蓋を取り、とろみを調整する。
11 器に盛り、好みで香菜(分量外)を飾る。

▶ ポイント
・1の鶏肉は、室温が高いときや長く漬け込む場合は冷蔵庫に入れる。使うときに常温に戻すとよい。

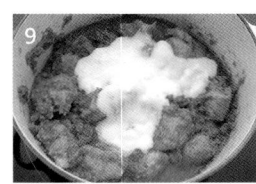

チリチキン

材料
鶏ササミ（繊維に沿って細く切る）　400g

A
├ **チリパウダー**　小さじ1/4
└ 塩　適量

片栗粉　大さじ3
植物油　大さじ1
クミンシード　小さじ1
玉ネギ（2cm角に切る）　中1個分
ピーマン（2cm角に切る）　大2個分

B
├ 生姜、ニンニク（すりおろしを2：3の割合で）　大さじ2
└ トマト（熟したもの。粗みじん切り）　大1個分

C
├ **コリアンダーパウダー**　小さじ1（山盛り）
├ **ガラムマサラ**　小さじ1（山盛り）
├ **チリパウダー**　小さじ1/2
└ 醤油　大さじ1

塩　適量

1　鶏肉にAを加えてよく混ぜる。
2　**1**の鶏肉に片栗粉をよくもみ込み、30分おく。
3　深めのフライパンに油（分量外）を多めに入れ、**2**の鶏肉を入れて揚げ焼きにし、皿に取り出しておく。
4　**3**のフライパンの表面をふき取り、油とクミンシードを入れて弱めの中火で温める。
5　クミンシードのまわりに泡が立ち始めたら火を強め、玉ネギ、ピーマンを入れて混ぜながら炒める。
6　玉ネギが透き通ったらBを加えて混ぜ、蓋をして弱めの中火で加熱する。
7　トマトが崩れたらCを加えてよく混ぜ、スパイスが香り立ってきたら**3**の鶏肉も加え、よく混ぜる。塩で味を調える。

▶ ポイント
・**2**の鶏肉は、室温が高いときには冷蔵庫に入れる。使うときに常温に戻すとよい。

ヨーグルトチキン

インドの家庭でヨーグルトといえば、毎日のように使われる必需品です。
インドの方にヨーグルトカレーというと、ガティと呼ばれるお料理をイメージする方が多いでしょう。
ここではガティではなく、ヨーグルトをたっぷりと使ったマイルドなチキンカレーをご紹介します。

ハイダラバードの白いカレー

IT都市として発展が著しいハイダラバード。
ここはカレーをご飯で挟んだ料理、
ビリヤーニでも有名です。ハイダラバード料理は
北インドの影響も強いのですが、北インドでは
使わないココナッツ、タマリンド、ナッツ類を
使うところが独特です。この白いカレーも
そのひとつ、カシューナッツを使った、
リッチで優しいおいしさのカレーです。

グリーンチキンカレー

時間のないときにもさっと作れるアングロ
インディアンカレーです。このグリーンの
色からほうれん草のカレーを連想しますが、
実は香菜をふんだんに使って作ったものです。
タイのグリーンカレーとはまた異なった
スパイシーな味をお楽しみください。

ヨーグルトチキン

材料
鶏手羽元（皮をむく。p.13参照）　10本
A
├ ヨーグルト（プレーン）　250ml
├ 生姜、ニンニク（すりおろしを2：1の割合で）
│ 　　大さじ3
├ **ターメリック**　小さじ1/2
└ 塩　小さじ1/4
植物油　大さじ1
クミンシード　小さじ1/2
チキンカレー用ブーケガルニ（あれば。p.11参照）
　　1組
玉ネギ（細かいみじん切り）　小1個分
トマト（みじん切り）　中1個分
B
├ **コリアンダーパウダー**　小さじ2強
├ **チリパウダー**　小さじ1/2
├ トマトペースト　小さじ1
└ 香菜（みじん切り）　大さじ3（山盛り）＋飾り用
塩　小さじ1/2〜の適量

1. Aを混ぜ合わせて鶏肉によくもみ込み、30分以上おく。
2. 厚手の鍋に油とクミンシードを入れて（あればチキンカレー用ブーケガルニも）、弱めの中火で温める。
3. クミンシードのまわりに泡が立ち始めたら、玉ネギを入れ、かき混ぜながら火を通す。
4. 玉ネギが茶色く色づき柔らかくなったらトマトを加え、蓋をして弱めの中火で加熱する。
5. トマトが崩れたらBをすべて加え、蓋をして加熱する。
6. トマトが完全に崩れたら塩を加えてよく混ぜ、火を止めてからブレンダーでなめらかなソースにする（ブレンダーがなければそのままでもよい）。
7. ソースに**1**をすべて加えてよく混ぜ、蓋をして弱火で加熱する。
8. 鶏肉が柔らかくなり、ソースにとろみがつくまで煮込む。

▶ **ポイント**
・**1**の鶏肉は、室温が高いときや長く漬け込む場合は冷蔵庫に入れる。使うときに常温に戻すとよい。
・ブレンダーにかける前に、大きなホールスパイスはいったん取り出してもよい（その後鍋に戻す）。
・ヨーグルトの酸味が強い場合は、少量の砂糖を加え調整する。
・**7**では弱火でじっくり加熱すると、ヨーグルトが熱でダマになるのを防ぐ。

▶ **もっと本格的にするなら**
・チキンカレー用ブーケガルニがすべて揃わない場合は、あるものだけでも加えると味に深みが出る。

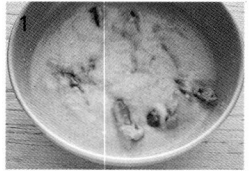 

ハイダラバードの白いカレー

材料
鶏胸肉（皮なし。大きめに切る）　300g
A
├ ヨーグルト（プレーン）　大さじ3
└ 生姜、ニンニク（すりおろしを2：1の割合で）
　　大さじ2（山盛り）
植物油　大さじ1
クミンシード（または**マスタードシード**）
　　小さじ1/4
チキンカレー用ブーケガルニ（p.11参照）　1組
B
├ 青唐辛子　3本
├ 生姜　15g
├ ニンニク　大1カケ
├ 炒め玉ネギ（あめ色。市販品可）　大さじ1強
├ カシューナッツ（無塩）　25個
├ ココナッツミルク　1缶（400ml）
├ 黒コショウ（粗挽き）　小さじ1/2
└ **コリアンダーパウダー**　小さじ2（山盛り）
塩　適量

1 Aを混ぜ合わせて鶏肉にもみ込み、30分以上おく。

2 Bはブレンダーにかけ、なめらかなソースにしておく。

3 厚手の鍋に油とクミンシード、チキンカレー用ブーケガルニを入れて、弱めの中火で温める。

4 クミンシードのまわりに泡が立ち始めたら、1の鶏肉を入れ、表面が白くなるまで弱火で加熱する。

5 4に2のソースと塩を加え、蓋をして弱火で煮込む。

7 鶏肉が柔らかくなったら蓋を取り、ソースにとろみがつくまで加熱する。

▶ ポイント
- 1の鶏肉は、室温が高いときや長く漬け込む場合は冷蔵庫に入れる。使うときに常温に戻すとよい。
- 3でクミンシードのかわりにマスタードシードを使う場合は、p.46参照。
- 4で鶏肉を加熱するときは、強火にするとヨーグルトが固まってしまうので必ず弱火にする。
- 盛り付けるときに、好みで香菜（みじん切り）を適量加えてもよい。

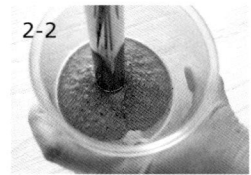

グリーンチキンカレー

材料
鶏胸肉（皮なし。一口大に切る）　400g
A
├ ヨーグルト（プレーン）　大さじ2
└ 生姜、ニンニク（すりおろしを2：1の割合で）
　　　大さじ3
B
├ 香菜　50g
├ ミント　3g
├ 青唐辛子　3本
├ カシューナッツ（無塩）　10個
└ 炒め玉ネギ（こげ茶色。市販品可）　小さじ1/2

植物油　大さじ1
クミンシード　小さじ1
チキンカレー用ブーケガルニ（p.11参照）　1組
玉ネギ（細かいみじん切り）　中1/4個分
C
├ **コリアンダーパウダー**　小さじ1（山盛り）
├ **ガラムマサラ**　小さじ1/2
└ 黒コショウ（大粗挽き）　小さじ1/2
塩　小さじ1/2 〜の適量
ココナッツミルク　200ml

1 Aを混ぜ合わせて鶏肉にもみ込み、30分以上おく。

2 Bをブレンダーにかけ、なめらかなソースにする。必要であれば大さじ2程度の水を加えてもよい。

3 厚手の鍋に油とクミンシード、チキンカレー用ブーケガルニを入れて、弱めの中火で温める。

4 クミンシードのまわりに泡が立ち始めたら、玉ネギを加え、混ぜながら中火で加熱する。

5 玉ネギが透明になり柔らかくなったら、Cのパウダースパイスを加えて30秒ほど混ぜる。

6 スパイスの香りが立ってきたら1をすべて入れ、2と塩を加えて混ぜ、蓋をして弱火で加熱する。

7 鶏肉の表面が白くなったらココナッツミルクを加え、蓋をして弱火で加熱する。

8 鶏肉に火が通ったら塩加減を調え、器に盛る。

ボンベイチキンカレー
（ムンバイの辛くて甘酸っぱいカレー）

ボンベイチキンカレーは西インドのムンバイで
よく作られる、お酢とココナッツパウダーを
使ったカレーです。辛くて甘くて酸っぱいのが
このカレーの特徴で、少しマニアックな味かも
しれません。本来は鶏肉をゆでて作りますが、
このレシピは短時間でも鶏肉が柔らかく
仕上がるように工夫しています。

黒胡椒チェティナード

黒胡椒を効かせたソースが、
なんともいえずおいしいチェティナードです。
このチェティナードはココナッツを色づくまで
炒ってから使うのが特徴で、この作業が独特の
チェティナードソースを作ってくれます。
バスマティライスや、固めに炊いた
日本米とよく合います。

黒胡椒チキンカレー（ドライ）

黒胡椒をたっぷり使った大人のドライカレーです。インドのマラバーコーストの胡椒は世界でもトップクラスの品質でとても有名です。胡椒は緑色の実をつけ、それを天日で干すと白胡椒になり、ローストすると黒胡椒になります。ここでの黒胡椒は、粗挽きでも特に粗く挽いたものが適しています。

ボンベイチキンカレー
(ムンバイの辛くて甘酸っぱいカレー)

材料
鶏手羽元（皮をむく。p.13参照）　10本
A
├ ヨーグルト（プレーン）　大さじ3
├ 生姜、ニンニク（すりおろしを2：1の割合で）
│　　大さじ1
└ **ターメリック**　小さじ1/2
植物油　大さじ2
クミンシード　小さじ1
チキンカレー用ブーケガルニ（あれば。p.11参照）
　1組
ココナッツファイン　大さじ5
B
├ **コリアンダーパウダー**　小さじ1
├ 黒コショウ（大粗挽き）　小さじ1/2
└ **チリパウダー**　小さじ1
チキンスープ　100ml
白ワインビネガー　大さじ1
砂糖　小さじ1弱
塩　小さじ1/2〜の適量

1. Aを合わせて鶏肉にもみ込み、30分以上おく。
2. 厚手の鍋に油とクミンシードを入れて（あればチキンカレー用ブーケガルニも）、弱めの中火で温める。
3. クミンシードのまわりに泡が立ち始めたら、ココナッツファインを加え、混ぜながら加熱する。
4. ココナッツファインが茶色くなり始めたら、**B**のパウダースパイスを加え、よく混ぜる。
5. すぐにチキンスープとワインビネガーも加え、**1**をすべて入れ、蓋をして弱火で加熱する。
6. 鶏肉に火が通ったら砂糖と塩で味を整え、鶏肉が柔らかくなるまで蓋をして弱火で煮込む。

▶ ポイント
・**1**の鶏肉は、室温が高いときや長く漬け込む場合は冷蔵庫に入れる。使うときに常温に戻すとよい。

黒胡椒チェティナード

材料
鶏胸肉（皮なし。大きめの一口大に切る）　300g
A
├ ヨーグルト（プレーン）　大さじ3
├ 生姜、ニンニク（すりおろしを2：1の割合で）
│　　大さじ2
├ **ターメリック**　小さじ1/2
└ 黒コショウ（大粗挽き）　小さじ1/2
ココナッツファイン　大さじ4
乾燥赤唐辛子　1本
植物油　大さじ1
B
├ **クミンシード**（または**マスタードシード**）
│　　小さじ1/2
├ チキンカレー用ブーケガルニ（p.11参照）　1組
└ **八角**　1/4個
玉ネギ（みじん切り）　中1個分
トマト（粗みじん切り）　中2個分
青唐辛子　2本
C
├ **コリアンダーパウダー**　小さじ2（山盛り）
├ **クミンパウダー**　小さじ1
└ **チリパウダー**　小さじ1/2
香菜（みじん切り）　大さじ6（山盛り）
塩　小さじ1/2〜の適量
黒コショウ（大粗挽き）　小さじ1/2

1. Aを混ぜ合わせて鶏肉にもみ込み、30分以上おく。
2. フライパンにココナッツファインと乾燥赤唐辛子を入れ、ココナッツファインが茶色くなるまで混ぜながら炒める。
3. 厚手の鍋に油とBを入れ、弱めの中火で温める。
4. クミンシードのまわりに泡が立ち始めたら、玉ネギを加え、混ぜながら弱めの中火で加熱する。
5. 玉ネギが透き通り茶色く色づき始めたら、**2**と**C**のパウダースパイスを加え、弱めの中火で加熱する。
6. スパイスの香りが立ってきたら、トマトと青唐辛子を加え、蓋をして弱めの中火で加熱する。
7. トマトが崩れ、玉ネギが柔らかくなったら**1**をすべて入れ、香菜を加えてよく混ぜてから、蓋

をして弱火で加熱する。

8 鶏肉の表面が白くなったら塩を加え、黒コショウも好みの分量加え、蓋を取ってソースにとろみがつくまで加熱する。

▶ ポイント
・**1**の鶏肉は、室温が高いときや長く漬け込む場合は冷蔵庫に入れる。使うときに常温に戻すとよい。

▶ もっと本格的にするなら
・ここではマスタードシードより手に入りやすいクミンシードを使っているが、より本格的なチェティナードカレーにしたい場合はマスタードシードを使いたい（使い方はp.46参照）。

黒胡椒チキンカレー（ドライ）

材料
鶏ササミ（または皮なし胸肉。
　　大きめの一口大に切る）　350g
A
├ ヨーグルト（プレーン）　大さじ1
├ 黒コショウ（大粗挽き）　小さじ1
└ **ターメリック**　小さじ1/2
植物油　大さじ1
クミンシード（または**マスタードシード**）
　　小さじ1/2
生姜、ニンニク（みじん切りを2：1の割合で）
　　大さじ2
玉ネギ（みじん切り）　中1/2個分
カシューナッツ（無塩）　3/4カップ
B
├ **コリアンダーパウダー**　小さじ2（山盛り）
├ **クミンパウダー**　小さじ1/2
└ **チリパウダー**　小さじ1/4
香菜（みじん切り）　大さじ6（山盛り）
塩　小さじ1/2～の適量
黒コショウ（大粗挽き）　小さじ1/2

1 Aを混ぜ合わせて鶏肉にもみ込み、30分以上おく。

2 油を引かないテフロン加工のフライパンに**1**の鶏肉を入れ、水分が出るまで加熱し、出た水分ごと器に取り出しておく。

3 **2**のフライパンの表面をふき取り、油とクミンシードを入れて弱めの中火で加熱する。

4 クミンシードのまわりに泡が立ち始めたら生姜、ニンニクを加えて混ぜ、玉ネギも加え、混ぜながら弱めの中火で加熱する。

5 玉ネギが色づき柔らかくなったら、カシューナッツを加えてよく混ぜる。

6 続けて**2**の鶏肉を水分ごと加えてよく混ぜ、Bのパウダースパイス、香菜、塩も加え、弱めの中火で加熱する。

7 香菜に火が通ったら黒コショウを加え、鶏肉に完全に火が通り水分がほとんどなくなるまで、混ぜながら弱めの中火で加熱する。

▶ ポイント
・**1**の鶏肉は、室温が高いときや長く漬け込む場合は冷蔵庫に入れる。使うときに常温に戻すとよい。
・粗挽き黒コショウは挽き方が細かいほど少量でも辛くなる。挽き方により分量を調整するとよい。
・カシューナッツは塩のついていないものを使用する。

▶ もっと本格的にするなら
・ここではマスタードシードより手に入りやすいクミンシードを使っているが、より本格的な味にしたい場合はマスタードシードを使いたい（使い方はp.63参照）。
・カレーリーフ（生）があれば、好みで1枝分の葉を**4**で加えてもよい。

西インドの鶏団子トマトカレー

西インドの家庭で作られている鶏団子のカレーです。
柔らかい鶏団子をトマトベースのカレーソースで煮込んだ爽やかな味が特徴です。このカレーはトマトのおいしさで味が決まります。夏などにおいしいトマトが手に入ったらぜひお試しください。

パンジャブ州のチキンコフタカレー

チキンコフタのコフタとは、もともと肉団子のことをいいます。
ところがインドでコフタといえばチーズ、肉、シーフード、野菜などあらゆるものから作られています。
ここでご紹介するのは、パンジャブ州の家庭料理、鶏団子のカレーです。このコフタは少し小さめに
作ることで、クリーミーなソースとよく絡んでよりおいしく召し上がって頂けます。

西インドの鶏団子トマトカレー

材料
鶏挽き肉（モモ肉）　300g
A
├ ヨーグルト（プレーン）　小さじ1（山盛り）
├ 生姜、ニンニク（みじん切りを2：1の割合で）
│　　　大さじ2
├ 黒コショウ（粗挽き）　小さじ1/4
├ 香菜（みじん切り）　大さじ2（山盛り）
├ 片栗粉　大さじ1
└ 塩　小さじ1/2
植物油　大さじ1
クミンシード　小さじ1/2
チキンカレー用ブーケガルニ（あれば。p.11参照）　1組

B
├ 生姜、ニンニク（みじん切りを2：1の割合で）
│　　　大さじ2（山盛り）
└ トマト（粗みじん切り）　中2個分
C
├ **コリアンダーパウダー**　小さじ2（山盛り）
├ **チリパウダー**　小さじ1/2（山盛り）
├ **ターメリック**　小さじ1/2
├ **ガラムマサラ**　小さじ1/4
├ トマトペースト　小さじ2弱
└ 香菜（粗みじん切り）　大さじ3（山盛り）
塩　小さじ1/2〜の適量

1　ボウルに鶏挽き肉とAを入れ、粘りが出るまで手でよく混ぜ合わせる。
2　厚手の鍋に油とクミンシードを入れて（あればチキンカレー用ブーケガルニも）、弱めの中火で温める。
3　クミンシードのまわりに泡が立ち始めたら、Bの生姜、ニンニクを加えてよく混ぜ、ニンニクに火が通ったらトマトも加え、蓋をして弱めの中火で加熱する。
4　トマトが崩れ始めたらCと塩を加えてかき混ぜ、蓋をして弱めの中火で加熱する。
5　トマトが崩れ始めたら、1の挽き肉を丸めてトマトソースの上にのせていく。
6　蓋をして弱火で5分ほど加熱し、肉団子が固まり始めたら裏返し、再び蓋をして20分弱火で煮込む。

▶ ポイント
・5で鶏団子を作るときは、手に油をつけるか油を塗ったスプーンを使うとうまくできる。
・火からおろす寸前に、好みで香菜（分量外）のみじん切りを加えてもおいしい。

▶ もっと本格的にするなら
・1に青唐辛子2本のみじん切りを好みで加えてもよい。
・1にコリアンダーパウダー小さじ1（分量外）を加えると、味に深みが出る。
・手に入れば2でブラックカルダモン（大。p.119参照）1個を加えると、深みのある味になる。
・3の生姜、ニンニクとともに、青唐辛子のみじん切りを加えてもよい（写真3-1）。

パンジャブ州のチキンコフタカレー

材料
鶏挽き肉（モモ肉）　350g
A
├ ヨーグルト（プレーン）　小さじ2
├ 生姜、ニンニク（すりおろしを2：1の割合で）　大さじ2
├ 黒コショウ（粗挽き）　小さじ1/4
├ 香菜（みじん切り）　大さじ1（山盛り）
└ 塩　小さじ1/2
植物油　大さじ1
クミンシード　小さじ1/2（山盛り）
チキンカレー用ブーケガルニ（あれば。p.11参照）　1組
B
├ 生姜、ニンニク（すりおろしを2：1の割合で）
│　　大さじ1（山盛り）
└ トマト（粗みじん切り）　中2個分

C
├ 炒め玉ネギ（こげ茶色。市販品可）　小さじ1
├ トマトペースト　小さじ1
└ チキンスープ（顆粒）　小さじ1/2
D
├ **コリアンダーパウダー**　小さじ2（山盛り）
├ **チリパウダー**　小さじ1/2（山盛り）
├ **ターメリック**　小さじ1/2
├ **ガラムマサラ**　小さじ1/4
└ 香菜（粗みじん切り）　大さじ3（山盛り）
生クリーム　100ml
塩　小さじ1/2〜の適量

1　ボウルに鶏挽き肉とAを入れ、粘りが出るまで手でよく混ぜ合わせる。
2　厚手の鍋に油とクミンシードを入れて（あればチキンカレー用ブーケガルニも）、弱めの中火で温める。
3　クミンシードのまわりに泡が立ち始めたら、Bの生姜、ニンニクを加えてよく混ぜ、ニンニクに火が通ったらトマトも加え、蓋をして弱めの中火で加熱する。
4　トマトが崩れたらC、Dを加え、蓋をして加熱する。
5　香菜に火が通ったらいったん火を止め、ブレンダーでなめらかなソースにし、生クリーム、塩を加え、蓋をして弱火で加熱する。
6　生クリームがソースに馴染んだら蓋を取り、1の挽き肉を丸めてソースの上にのせていく。
7　蓋をして弱火で5分ほど加熱し、肉団子が固まり始めたら裏返し、再び蓋をして20分弱火で煮込む。

▶ ポイント
・肉団子を丸めるときには、手のひらに油（分量外）をつけてもよい。
・肉団子は火が強いと崩れるので、弱火でゆっくり火を通す。
・盛り付けのときに、好みで香菜（分量外）を刻んだものを添えてもよい。

▶ もっと本格的にするなら
・1にコリアンダーパウダー小さじ1/2、チリパウダー小さじ1/4を加えると、より本格的な味に。

| ミートカレー > **ビーフブナ**

ビーフブナは肉に含まれる水分のみで調理するソースの少ないカレーです。ブナとはたくさんの油（ギー）を使ってスパイスの香りを溶かし出すインド料理の調理法の中のひとつで、ここから発展し、ブナと呼ばれるカレーが登場したようです。どちらかといえば、ソースを楽しむよりはスパイシーな肉の味をお楽しみください。ここでは油をなるべく控え、本格的な味を出せるように工夫してあります。

キーマカレー（ソース）

キーマとは肉を細かく切り刻んだという意味。
一言でキーマカレーといっても、使う挽き肉や合わせる野菜、ソースの有無などにより
様々なバリエーションがあります。このレシピはソースのあるタイプのキーマカレーです。
今回は牛肉を使いましたが、同じレシピでラム挽き肉、合挽き肉などのバリエーションもお楽しみください。

ビーフブナ

材料

牛肉（シチュー用。6cm角に切る）　600g

A
├ 生姜、ニンニク（すりおろしを2：1の割合で）
│　　　大さじ3（山盛り）

植物油（好みでギーや無塩バターにかえてもよい）
　　大さじ2

ミートカレー用ブーケガルニ（p.11参照）　1組

B
├ **コリアンダーパウダー**　小さじ2
├ **クミンパウダー**　小さじ1（山盛り）
├ **チリパウダー**　小さじ1/2
└ **ターメリック**　小さじ1/2

玉ネギ（繊維を断ち切るように薄くスライス）　大1個分
塩　小さじ1

C
├ トマト（みじん切り）　大2個分
└ 香菜（みじん切り）　大さじ3（山盛り）

D
├ タマリンドペースト　小さじ1
└ 甜菜糖　小さじ1弱
　　（なければ白砂糖小さじ1/2弱〜の適量）

1　牛肉にAを加え、手でよくもみ込んでおく。
2　厚手の鍋に油とミートカレー用ブーケガルニを入れて、弱めの中火で温める。
3　スパイスの香りがしてきたら、Bのパウダースパイスを加え、弱火でよく混ぜながらペースト状にする。
4　3の火を消してそのままおき、粗熱が取れたら1の牛肉を加えて混ぜ込んでおく。
5　テフロン加工のフライパンに油を引かず、玉ネギと塩を入れて弱めの中火で加熱する。
6　玉ネギが茶色く色づいてきたら4の鍋に加える。鍋を強火にかけ、よく混ぜながら肉にさっと火を通す。
7　肉の表面に軽く焦げ目がついたらCを加えてよく混ぜ、強火でトマトが崩れるまで混ぜながら加熱する。
8　トマトが崩れ、トマトの水分が蒸発し始めたらDを加え、蓋をして弱火で加熱する（必要であれば大さじ1程度の水を随時加えてもよい）。
9　肉が柔らかくなったら塩加減を調整してよく混ぜ、蓋をして数分弱火で味を馴染ませる。

▶ ポイント
・玉ネギはスライスしてから電子レンジ（700W）で4分加熱しておくと、5で早く上手に茶色くなる。

キーマカレー（ソース）

材料
牛挽き肉　500g
A
- ヨーグルト（プレーン）　100ml
- 生姜、ニンニク（すりおろしを2：1の割合で）
　　大さじ2
- **ターメリック**　小さじ1/4
- **コリアンダーパウダー**　小さじ1（山盛り）
- **ガラムマサラ**　大さじ1
- **チリパウダー**　小さじ1
- 黒コショウ（粗挽き）　小さじ1/4
- 玉ネギ（すりおろし）　大1個分
- 塩　小さじ1/2

植物油　大さじ1
クミンシード　小さじ1/2
ミートカレー用ブーケガルニ（p.11参照）　1組
生姜、ニンニク（みじん切りを2：1の割合で）
　　大さじ3（山盛り）
トマト（みじん切り）　中2個分
トマトペースト　小さじ1
香菜（みじん切り）　大さじ3
グリンピース（なくてもよい）　大さじ2（山盛り）

1　牛挽き肉にAを加えてよく混ぜ合わせ、30分以上おく。
2　厚手の鍋に油とクミンシード、ミートカレー用ブーケガルニを入れて、弱めの中火で温める。
3　クミンシードのまわりに泡が立ち始めたら、生姜、ニンニクを加えて混ぜながら加熱する。
4　ニンニクに火が通ったら1を加え、混ぜながら中火で加熱する。
5　肉が白くなってきたらトマトを加え、蓋をして中火で加熱する。
6　トマトが完全に崩れたらトマトペースト、香菜を加え、蓋をして弱めの中火で20分ほど加熱する。
7　好みでグリンピースを加えて塩（分量外）で味を調え、蓋をして2分ほど加熱する。

▶ポイント
・**1**の挽き肉は、室温が高いときや長く漬けておく場合は冷蔵庫に入れる。使うときに常温に戻すとよい。
・盛り付ける寸前に、好みでみじん切りの香菜（分量外）を加えてもよい。
・ミートカレー用ブーケガルニがすべて揃わない場合は、あるものだけでも加えると味に深みが出る。

クリーミーミートボールカレー

黒胡椒の香りが食欲をそそるクリーミーなカレーです。黒胡椒の粗挽きを使いますので、
思ったよりも辛くありません。黒胡椒を使ったカレーは、黒胡椒の挽き方が細かければ細かいほど
辛みの強いソースになりますので、挽き方と分量を加減してご使用ください。お子様が召し上がるときには
黒胡椒とチリパウダーを控えて作り、召し上がる前に、好みの量の黒胡椒を加えてください。

南インドのコフタカレー（ミートボールカレー）

南インドのタミルナドゥー州、
チェティナードのカレーです。
チェティナードでも牛肉と豚肉を食べないことが多く、
このカレーは通常ラムで作られます。日本ではラムの
挽き肉が手に入りにくいので、ここでは牛挽き肉を使っています。
おいしいラムが手に入りましたら、ぜひラムでもお試しください。
この柔らかくてスパイシーな肉団子は、どなたにも喜んでいただける味だと思います。

クリーミーミートボールカレー

材料
牛挽き肉　400g
A
├ 生姜、ニンニク（すりおろしを2：1の割合で）
│ 　　大さじ2
├ 片栗粉　小さじ2
├ 香菜（みじん切り）　大さじ3（山盛り）
├ 黒コショウ（粗挽き）　小さじ1/4
└ 塩　小さじ1/2強
植物油　大さじ1
マスタードシード（または**クミンシード**）　小さじ1

ミートカレー用ブーケガルニ（p.11参照）　1組
玉ネギ（繊維を断ち切るようにスライス）　大1個分
B
├ **コリアンダーパウダー**　小さじ2（山盛り）
├ **チリパウダー**　小さじ1
├ **ガラムマサラ**　小さじ1
└ 黒コショウ（粗挽き）　小さじ1
ココナッツミルク　200ml
水　250ml
塩　小さじ1/2～の適量

1　ボウルに牛挽き肉とAを入れ、よく練り合わせる。
2　厚手の鍋に油とマスタードシード、ミートカレー用ブーケガルニを入れて弱火で温める。
3　マスタードシードがはじけ始めたら、蓋をして更に火を弱める。
4　マスタードシードの音が静まったら蓋を取り、玉ネギを加え、混ぜながら弱めの中火で加熱する。
5　玉ネギが柔らかくあめ色になったらBのパウダースパイスを加え、混ぜながら加熱する。
6　スパイスの香りがしてきたらココナッツミルクと水を加え、蓋をして弱めの中火で5分ほど加熱する。
7　火を止めて、6から乾燥赤唐辛子、シナモン、ベイリーフを取り出した後、ブレンダー（またはジューサー）でなめらかなソースにし、塩で味を調える。
8　取り出したスパイスを7の鍋に戻して弱火にかけ、1の肉を500円玉大に丸めてソースの中に入れていく。
9　蓋をして、弱火で肉に火が通るまで煮込む。

▶ ポイント
・2でマスタードシードのかわりにクミンシードを使う場合は、p.13参照。

▶ もっと本格的にするなら
・Aにコリアンダーパウダー小さじ2、チリパウダー小さじ1、クミンパウダー（またはガラムマサラ）小さじ1/2を加えてもよい。

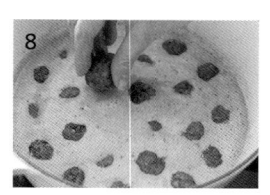

南インドのコフタカレー（ミートボールカレー）

材料
牛挽き肉（または合挽き肉）　400g
A
├ 生姜（みじん切り）　大さじ1（山盛り）
├ ニンニク（すりおろし）　小さじ2
├ **ガラムマサラ**　小さじ1
├ 片栗粉　大さじ1（山盛り）
└ 塩　小さじ1/2
植物油　大さじ1
ミートカレー用ブーケガルニ（p.11参照）　1組

B
├ **コリアンダーパウダー**　小さじ2
├ **クミンパウダー**　小さじ1
├ **ターメリック**　小さじ1/2
├ **チリパウダー**　小さじ1/2
├ トマトピュレ　90ml
└ 炒め玉ネギ（こげ茶色。市販品可）　大さじ1
C
├ ビーフスープ（またはチキンスープ）　270ml
└ ココナッツミルク　90ml

1　ボウルに牛挽き肉とAを入れ、よく練り合わせる。
2　Bはあらかじめ水（大さじ3程度）でよく溶き、ペースト状にしておく。
3　厚手の鍋に油とミートカレー用ブーケガルニを入れて、弱めの中火で加熱する。
4　スパイスの香りがしてきたら2を加え、手早く混ぜながら弱めの中火で加熱する。
5　油とスパイスが馴染んだらCを加えてよく混ぜ、蓋をして5分ほど弱めの中火で加熱する。
6　火を弱め、1の挽き肉を500円玉大の団子にして鍋の中に並べる。
7　蓋をして弱火で5分ほど加熱し、肉団子に半分ほど火が通ったら、壊さないように裏返し、再び蓋をして弱火で10分ほど加熱する。
8　蓋を取り、ソースにとろみがつくまで弱火で煮詰める。

▶ ポイント
・油を塗った手のひらで肉団子を作ると作りやすい。
・ミートカレー用ブーケガルニがすべて揃わない場合は、あるものだけでも加えると味に深みが出る。

▶ もっと本格的にするなら
・**1**の肉団子の材料に香菜（みじん切り）大さじ3、青唐辛子（みじん切り）2〜3本分、コリアンダーパウダー小さじ2、クミンパウダー小さじ1、チリパウダー小さじ1/2を加えるとより本格的なおいしさに。
・**8**でソースが仕上がり火からおろす寸前に、好みでガラムマサラ小さじ1/2（分量外）を加えてもよい。

ビーフココナッツフライ（ウラティヤトゥ）

ケララ州のファーストフードであるウラティヤトゥは少し毛色の変わったドライカレーです。これだけで食べるというよりは他のカレーも合わせて作り、味の変化を楽しんでください。肉は柔らかくスパイシーでかすかに酸味があるのが特徴です。スパイスはかなりたくさん入れますが、強い味が特徴なのでこのまま減らさずに加えてください。

トマトカレー
(タマターゴッシュ)

インドでは宗教的な理由から牛肉と豚肉はほとんど食べません。とはいっても、私は牛肉や豚肉をおいしそうに食べるインド人をたくさん知っています。外国で生まれた方もそうですが、インド人も仕事や教育で国外に出ることが多くなり、インドの伝統と宗教観の中で新しいインドの文化をひそかに堪能しているようにも思えます。タマターゴッシュとは肉を使ったトマトのカレー。レシピでは手に入れやすい牛肉を使用していますが、ラムでもおいしく作れます。

ビーフチリフライ

ケララ州のドライビーフカレーです。
ちょっと変わった作り方が特徴で、煮込む材料をすべて肉にもみ込み、半日ほど漬け込んでから、水を1滴も使わずにじっくり煮込みます。
インドではもともと、ホールスパイスやハーブを石の台でつぶしてペーストを作ってから使用してきましたが、最近、特に南インドでは、パウダースパイスを水で練り、ペーストにしてから使用する方も多くなってきました。

ビーフココナッツフライ (ウラティヤトゥ)

材料
牛肉(焼肉用ロース。薄切り)　400g
A
├ ヨーグルト(プレーン)　大さじ2(山盛り)
├ 生姜(みじん切り)　大さじ2
├ ニンニク(みじん切り)　小さじ2
├ 赤玉ネギ(みじん切り)　小1個分
├ **コリアンダーパウダー**　大さじ2
├ **ターメリック**　小さじ2
├ 黒コショウ(大粗挽き)　小さじ1
├ **チリパウダー**　小さじ2
├ レモン果汁　小さじ2
└ 塩　小さじ1
植物油　大さじ2
マスタードシード　小さじ1/2
ミートカレー用ブーケガルニ(p.11参照)　1組
B
├ ココナッツファイン　1カップ(180ml)
└ ココナッツミルク　90ml
香菜(みじん切り)　大さじ6
塩　適量

1　牛肉にAを合わせてよくもみ込み、1時間以上おく。
2　Bは混ぜ合わせておく。
3　深めのフライパンに油とマスタードシード、ミートカレー用ブーケガルニを入れて、弱火で温める。
4　マスタードシードがはじけ始めたら、蓋をして更に火を弱める。
5　マスタードシードの音が静まったら、1の牛肉を器についたスパイスごと加えて混ぜ、弱火でゆっくり加熱する。
6　肉に半分火が通ったら、2と香菜も加える。
7　肉に完全に火が通ったら塩加減を調整し、器に盛る。

▶ もっと本格的にするなら
・3でグリーンカルダモン2個を手でつぶしたものを加えると、より深みのある味になる。
・カレーリーフ(生)があれば、3枝分ほどの葉を4で加えるとよい。

{チャパティ}

チャパティはインドのパンのひとつで、ナンよりも日常的によく食べられています。
同様な薄いパンでも地方により呼び方と作り方が少しずつ変わります。手でちぎり、カレーをすくい取るようにしながら食べてください。

材料(8枚分)
チャパティ粉(p.119参照)　130g
塩　小さじ1/2
植物油　大さじ1
水(ぬるま湯)　60ml～(気候、気温により増減)
薄力粉　適量
無塩バター(またはギー。好みで)　適量

1　ボウルにチャパティ粉と塩を入れ、よく混ぜ合わせる。
2　油を1の粉の中央に加え、手でしごくように粉全体に馴染ませる。
3　2にぬるま湯を少しずつ加えてこね、生地が手につかなくなってきたら平らな台の上でよくこねる。
4　生地の触感がなめらかになったら、手のひらで生地をまわすようにして丸くまとめ、ボウルに戻し、ラップフィルムをかけ10～20分ほど常温におく。
5　手のひらに油(分量外)をつけて4の生地を8等分にし、表面がなめらかな球状になるように丸める。ボウルに戻しておく。
6　5から生地をひとつ取り出し、残りの生地にはラップフィルムをかけておく。
7　6で取り出した生地を両手のひらでつぶし、薄力粉を両面につけて麺棒で直径14cmの円に伸ばす。
8　厚手のフライパンを熱し、7を入れて強めの中火で加熱する。
9　空気の膨らみがいくつか出てきたら裏を見て、焦げができ始めていたら裏返す。
10　同様に空気の膨らみができるので、できていない部分をキッチンペーパーで押さえ、膨らませる。
11　皿に移し、好みで表面に無塩バターまたはギーを適量塗る。

▶ ポイント
・3と7の作業は平らな場所か、製菓・製パン用のロールパッドの上で行うとよい。
・3でこねる時間の目安は、蒸し暑い場所では5分、乾燥した寒い部屋では10分ほど。

トマトカレー（タマターゴッシュ）

材料
牛肩ロース肉（またはラム肉。一口大に切る）
　500g
A
├ヨーグルト（プレーン）　大さじ1
├生姜、ニンニク（すりおろしを2：1の割合で）
│　　大さじ2
└クミンパウダー　小さじ1
植物油　大さじ1
ミートカレー用ブーケガルニ（p.11参照）　1組
玉ネギ（繊維を断ち切るようにスライス）　大1個分
トマト（みじん切り）　大3個分
B
├ターメリック　小さじ1
├コリアンダーパウダー　小さじ2（山盛り）
├クミンパウダー　小さじ1
├チリパウダー　小さじ1/2
└トマトペースト　小さじ1
香菜（みじん切り）　大さじ3（山盛り）
塩　小さじ1/2～の適量

1. 牛肉にAを加え、よくもみ込んでおく。
2. 厚手の鍋に油とミートカレー用ブーケガルニを入れて、弱めの中火で加熱する。
3. スパイスの香りがしてきたら玉ネギを加え、混ぜながら中火で加熱する。
4. 玉ネギが柔らかく茶色になったらBを加え、よく混ぜながら弱めの中火で加熱する。
5. スパイスの香りが立ってきたらトマトも加え、蓋をして中火で加熱する。
6. トマトが完全に崩れたら1をすべて入れ、香菜、塩を加え、蓋をして弱火で加熱する。
7. 肉が柔らかくなり、ソースにとろみがつくまで蓋をして弱火で加熱する。

▶ポイント
・6では器についているスパイスもすべて入れる。

もっと本格的にするなら
・Aにコリアンダーパウダー小さじ1（山盛り）を加えると、味に深みが出る。
・肉からうまくだしが出ずにコクが足りないときは、ビーフスープ（顆粒）、チキンスープ（顆粒）などを適量足してもよい。

ビーフチリフライ

材料
牛肉（ランプステーキ用。6cm角に切る）　600g
A
├ヨーグルト（プレーン）　大さじ3
└生姜、ニンニク（すりおろしを2：1の割合で）
　　大さじ3（山盛り）
B
├コリアンダーパウダー　大さじ2（山盛り）
├クミンパウダー　小さじ1
├チリパウダー　小さじ1
├ターメリック　小さじ1
├ガラムマサラ　小さじ1
├水　大さじ4
└塩　小さじ1/2～の適量
赤玉ネギ（みじん切り）　大1/2個分
植物油　大さじ1
ミートカレー用ブーケガルニ（p.11参照）　1組
生姜（みじん切り）　大さじ3（山盛り）

1. 牛肉にAを加えてよくもみ込み、30分以上おく。
2. Bは混ぜ合わせてペーストを作り、1の肉に加えてよくもみ込む。
3. 2に赤玉ネギも加えてよく混ぜ合わせ、冷蔵庫で半日漬け込む。
4. 厚手の鍋に油とミートカレー用ブーケガルニを入れて、弱めの中火で温める。
5. スパイスの香りがしてきたら生姜を加え、混ぜながら弱めの中火で加熱する。
6. 生姜の香りがしてきたら火を弱め、常温にもどした3を加え、蓋をして弱火で加熱する（必要であれば40ml以下の水を加えてもよい）。
7. 時々かき混ぜながら、蓋をして肉が柔らかくなるまで煮込む。

▶ポイント
・盛り付けのときに、好みで香菜（みじん切り）と赤玉ネギ（くし形切り）を混ぜたものを飾ってもよい。

2-1　2-2

アングロラムコルマ（クリーミーラムカレー）

マイルドで深みのあるスパイス使いが特徴のコルマカレー。
このレシピはその中でもイギリス風のラムコルマで、トマトを使わずナッツを使います。
イギリスの春はラム（子羊）のおいしい季節で、この時期になるとアングロラムコルマを思い出します。
日本のスーパーでもラムを見かけるようになりましたので、ぜひお試しください。

ローガンジョッシュ

ローガンジョッシュはカシミール地方が起源の
ラムカレーです。辛みが少なく色がより
赤いことで知られるカシミールチリを使って作り、
その真っ赤なソースがこのカレーの醍醐味でも
あります。ペルシャ語でローガンとは油、
ジョッシュとは熱い、または情熱という意味で、
調理方法も熱した油を使うことが特徴です。
日本ではカシミールチリが手に入りにくいので、
普通のチリパウダーを使ってレシピを
工夫してみました。

パンジャビラムコルマ
（トマトラムカレー）

パンジャビはパンジャブ州をはじめとする、
インドの北部に住む人々のことをいいます。
日本でいえば東北人みたいな呼び方でしょうか。
これはパンジャブ州の家庭で作られている
ラムコルマです。トマトをたっぷり使い、
クリームでマイルドに仕上げるのが特徴です。
このレシピでは缶のトマトを使わずに
生のトマトで仕上げるため、レストランの
コルマよりも爽やかで軽い味です。
缶トマトで作ることもできます。

アングロラムコルマ（クリーミーラムカレー）

材料
ラム肩ロース肉
　（脂を取り除き、大きめの一口大に切る）　400g
A
├ ヨーグルト（プレーン）　大さじ3
├ 生姜、ニンニク（すりおろしを2：1の割合で）
│　　大さじ2（山盛り）
└ **ガラムマサラ**　小さじ1（山盛り）
植物油　大さじ1
ミートカレー用ブーケガルニ（p.11参照）　1組
玉ネギ（みじん切り）　大1個分
B
├ **コリアンダーパウダー**　小さじ2（山盛り）
└ **チリパウダー**　小さじ1
C
├ カシューナッツ（無塩）　20個
├ 香菜（みじん切り）　大さじ6
├ コナッツミルク　120ml
├ 水　120ml
└ 塩　小さじ1/2〜の適量

1　ラム肉にAを加えてよくもみ込み、冷蔵庫で1時間ほどおく。
2　厚手の鍋に油とミートカレー用ブーケガルニを入れて、弱めの中火で温める。
3　スパイスの香りがしてきたら玉ネギを加え、混ぜながら弱めの中火で加熱する。
4　玉ネギが柔らかくこげ茶色になったら、Bのパウダースパイスを加えてよく混ぜる。
5　4にCを加え、蓋をして弱めの中火で3分ほど加熱する。
6　いったん火を止め、ブレンダーでなめらかなソースにする。
7　6に常温に戻した1をすべて加え、蓋をして弱火で加熱する。
8　肉に火が通り始めたら塩（分量外）で味を調え、蓋をして、弱火で肉が柔らかくなるまで煮込む。

▶ ポイント
・6でブレンダーにかける前に、大きなホールスパイスはいったん取り出してもよい（その後鍋に戻す）。

▶ もっと本格的にするなら
・1のラム肉は、半日ほど漬け込むとより本格的な味になる。
・火からおろす寸前に、好みでガラムマサラ小さじ1/4〜1/2（分量外）を加えてもよい（加えた後に煮込む必要はない）。

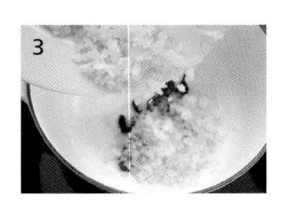

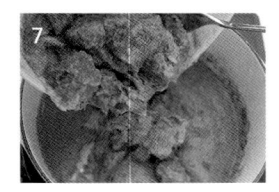

ローガンジョッシュ

材料
ラム肩ロース肉（6cm角に切る）　600g
A
├ ヨーグルト（プレーン）　大さじ3
├ 生姜、ニンニク（すりおろしを2：1の割合で）
│　　大さじ3（山盛り）
├ **コリアンダーパウダー**　小さじ2（山盛り）
├ **クミンパウダー**　小さじ1/4
├ **チリパウダー**　小さじ1/2
└ **ガラムマサラ**　小さじ1/2
植物油　大さじ2
ミートカレー用ブーケガルニ（p.11参照）　1組
玉ネギ（繊維を断ち切るように薄くスライス）
　　大1個分
B
├ 炒め玉ネギ（あめ色。市販品可）　大さじ1
├ トマトピュレ　90ml
└ 水　90ml
塩　小さじ1/2～の適量

1　Aを混ぜ合わせてラム肉によくもみ込み、30分以上おく。
2　Bはよく混ぜて溶いておく。
3　厚手の鍋に油を入れて強火で熱し、ミートカレー用ブーケガルニを加え、手早くかき混ぜながら加熱する。
4　乾燥赤唐辛子が膨らみ色が濃くなってきたら、玉ネギと塩少量（分量外）を加え、手早くかき混ぜながら加熱する。
5　玉ネギが柔らかくなり茶色く色づいてきたら**1**をすべて加え、よく混ぜながら中火で加熱する。
6　肉の表面の色が変わったら**2**を加え、蓋をして弱火で加熱する。
7　肉に火が通ったら塩加減をし、肉が柔らかくなるまで弱火で煮込む。

▶ポイント
・**1**のラム肉は、室温が高いときや長く漬け込む場合は冷蔵庫に入れる。使うとき常温に戻すとよい。
・**4**では乾燥赤唐辛子の色が油ににじみ出ているはず。

▶もっと本格的にするなら
・ブラックカルダモン（p.119参照）があれば、**3**でブーケガルニとともに加えると味に深みが出る。

パンジャビラムコルマ（トマトラムカレー）

材料
ラム肩ロース肉
　　（脂を取り除き、大きめの一口大に切る）　400g
A
├ ヨーグルト（プレーン）　大さじ1
├ 生姜、ニンニク（すりおろしを2：1の割合で）
│　　大さじ1（山盛り）
└ **ターメリック**　小さじ1/4
植物油　大さじ1
ミートカレー用ブーケガルニ（p.11参照）　1組
玉ネギ（みじん切り）　大1個分
トマト（みじん切り）　大2個分
B
├ **コリアンダーパウダー**　小さじ2（山盛り）
├ **クミンパウダー**　小さじ1
├ **チリパウダー**　小さじ1/2
└ **ガラムマサラ**　小さじ1/2
C
├ 生クリーム　120ml
└ 塩　小さじ1/2～の適量

1　ラム肉にAを加えてよくもみ込み、冷蔵庫に1時間ほどおく。
2　厚手の鍋に油とミートカレー用ブーケガルニを入れて、弱めの中火で温める。
3　スパイスの香りがしてきたら玉ネギを入れ、混ぜながら弱めの中火で加熱する。
4　玉ネギが柔らかくこげ茶色になったら、Bのパウダースパイスを加えてよく混ぜ、トマトも加え、蓋をして弱めの中火で加熱する。
5　トマトが崩れたら、常温に戻した**1**をすべて加え、蓋をして弱火で加熱する。
6　肉に火が通り始めたらCを加え、蓋をして、弱火で肉が柔らかくなるまで煮込む。

▶ポイント
・トマトの質などによりコクが足りない場合は、トマトペースト小さじ1弱、または炒め玉ネギ（市販品可）小さじ1を加えてもよい。
・盛りつける寸前に香菜（みじん切り）を加えてもよい。

▶もっと本格的にするなら
・あれば**6**でタマリンドペースト小さじ1弱を加えると、より本格的に仕上がる。

ラムチリカレー（ブナゴッシュ）

ハイダラバード州の独特な調理法であるブナ。水を加えずにゆっくりと煮込み、肉にソースが絡みつくように仕上げたカレーです。ゴッシュとはペルシャ語で肉のこと。崩れるほど柔らかくなった肉の旨みと、濃厚なスパイスのハーモニーをお楽しみください。

ポークビンダルー

歴史的に深いかかわりのあるインドの
南西ゴアとポルトガル。このカレーは
ワインと酢で煮込んだポルトガルの
肉料理から生まれたカレーです。
とても辛くてスパイシーですが、
ほろっと崩れるような豚肉がやみつきに
なります。イギリスでビンダルーといえば、
ビンダルーの歌を歌ってくれる人がいる
ほど人気があり、そのおいしさにも
定評があります。

ポークチリ

あまり豚肉を食べないインドでも、
歴史上でヨーロッパと交流のあった場所では、
わずかですが豚肉料理も残っています。
ポークチリはあまり有名ではありませんが、
マニアックな味のドライカレーとして
お楽しみください。このカレーはお米よりは、
チャパティやプーリなどのインドのパンと
よく合います。市販のものならフラワー
トルティーヤなどにくるんでお召し上がり
ください。

ラムチリカレー（ブナゴッシュ）

材料

ラム肩ロース肉（脂を除き、一口大に切る）　500g
A
├─ ヨーグルト（プレーン）　大さじ2
├─ 生姜、ニンニク（すりおろしを2：1の割合で）
│　　　大さじ2
├─ 赤玉ネギ（みじん切り）　大1/4個分
├─ **クミンパウダー**　小さじ1（山盛り）
├─ **コリアンダーパウダー**　小さじ2（山盛り）
├─ **ターメリック**　小さじ1/2
├─ **チリパウダー**　小さじ1/2〜1
└─ 塩　小さじ1/2
植物油　大さじ1
ミートカレー用ブーケガルニ（p.11参照）　1組
赤玉ネギ（繊維を断ち切るようにスライス）
　中1/2個分
トマト（みじん切り）　大1/4個分
青唐辛子（種ごと2cmの斜め切り）　2本分
ココナッツファイン　大さじ3
香菜（粗みじん切り）　大さじ3

1. Aを混ぜ合わせ、ラム肉によくもみ込んでおく。
2. 厚手の鍋に油とミートカレー用ブーケガルニを入れて、弱火で温める。
3. スパイスの香りがしてきたら赤玉ネギを加え、弱めの中火で混ぜながら加熱する。
4. 赤玉ネギが柔らかく茶色になり始めたら、トマト、青唐辛子を加え、弱めの中火で加熱する。
5. トマトが完全に崩れたら**1**をすべて加え、蓋をして弱火で混ぜながら加熱する。
6. 肉の表面が白くなってきたらココナッツファインと香菜を加え、蓋をして弱火で加熱する。
7. 肉が柔らかくなったら塩適量（分量外）で味を調え、肉が柔らかくなるまで蓋をして弱火で加熱する。

▶ポイント
- **1**のラム肉は、室温が高いときや長く漬け込む場合は冷蔵庫に入れる。使うときに常温に戻すとよい。
- 必要であれば**6**で少量の水を加えてもよい。
- **7**の段階でソースが多いようなら、蓋を取り、混ぜながらソースが肉に絡んで鍋底に少し残る程度まで煮詰める。

｛ジーラライス（クミンシードライス）｝

材料

バスマティライス（p.119参照）
　1カップ
植物油　大さじ1
クミンシード　小さじ1/2
A
├─ 生姜（みじん切り）　大さじ1（山盛り）
├─ 青唐辛子（みじん切り）　2本分
└─ 塩　小さじ1/2〜の適量

1. バスマティライスは日本米より軽く洗い、水加減をする。5分ほどしたら日本の米と同様に炊飯器で炊く。
2. **1**が炊き上がったらボウルに移し、軽くかき混ぜておく。
3. フライパンに油とクミンシードを入れて、弱めの中火で温める。
4. クミンシードのまわりに泡が立ち始めたらAを加え、よく混ぜる。
5. 生姜に火が通ったら油ごと**2**に加え、よく混ぜる。

ポークビンダルー

材料

豚ロース肉（6cm角に切る）　600g
A
├─ 生姜、ニンニク（すりおろしを2：1の割合で）
│　　　大さじ2（山盛り）
├─ 白ワインビネガー（または他の酢）　大さじ3
├─ **コリアンダーパウダー**　小さじ2
├─ **クミンパウダー**　小さじ1
├─ **チリパウダー**　小さじ1/2強
├─ **ターメリック**　小さじ1/2
├─ **ガラムマサラ**　小さじ1/2
└─ 黒コショウ（粗挽き）　小さじ1/4
植物油　大さじ1
ミートカレー用ブーケガルニ（p.11参照）　1組
玉ネギ（繊維を断ち切るように薄くスライス）
　大1個分
トマト（みじん切り）　大2個分
チリパウダー　小さじ1/2
塩　小さじ1/2〜の適量
キビ砂糖（または甜菜糖）　小さじ1弱

1 Aをボウルで混ぜ合わせ、豚肉に手でよくもみ込み、冷蔵庫に最低2時間以上入れておく。
2 厚手の鍋に油とミートカレー用ブーケガルニを入れて、弱めの中火で温める。
3 スパイスの香りがしてきたら玉ネギを加え、弱めの中火で加熱する。
4 玉ネギがペーストのように柔らかくなりこげ茶色になったら、トマト、チリパウダーを加えてよく混ぜ、蓋をして弱めの中火で加熱する。
5 その間、常温に戻しておいた1の豚肉を、強火で温めたフライパンに入れて表面だけ焼く。
6 フライパンから豚肉を取り出し、フライパンには湯30ml（分量外）を注いで残ったスパイスを洗うようにして溶かし、この湯も取りおく。
7 1で使ったボウルにも湯30ml（分量外）を加えて6と同様にし、この湯も取りおく。
8 4の鍋のトマトが崩れ始めたら6の豚肉と、6、7の湯、塩、キビ砂糖を加え、蓋をして弱火で40分ほど加熱する。
9 肉が柔らかくなったら塩加減を再度調整する。

▶ ポイント
・ミートカレー用ブーケガルニがすべて揃わない場合は、あるものだけでも加えると味に深みが出る。
・玉ネギはスライスしてから電子レンジ（700W）で4分加熱しておくと、3で調理時間を短縮できる。
・激辛がお好みの場合は、トマトを加えるときに青唐辛子の輪切りを1本から3本分好みで加えてもよい。辛みを残すため種は取らない。
・トマトの味があまりよくない場合は、8でトマトペーストを小さじ1ほど加えるとコクが出る。
・キビ砂糖または甜菜糖がない場合は普通の白砂糖でも代用できるが、小さじ1/2弱からようすを見ながら加える。

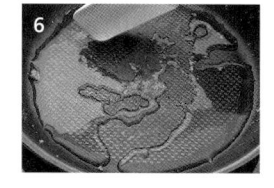

ポークチリ

材料
豚ロース肉（2cm幅に切る）　500g
A
├ヨーグルト（プレーン）　大さじ1
├生姜、ニンニク（すりおろしを2：1の割合で）　大さじ2
├レモン果汁　大さじ1
├**コリアンダーパウダー**　小さじ2
├**ターメリック**　小さじ1/4
├**クミンパウダー**　小さじ1/2
├**チリパウダー**　小さじ1
└塩　小さじ1/2
植物油　大さじ2
マスタードシード　小さじ1
ミートカレー用ブーケガルニ（p.11参照）　1組
玉ネギ（すりおろし）　大1個分
青唐辛子（種ごと斜め2cm幅に切る）　1〜2本分
生姜（みじん切り）　大さじ2（山盛り）
トマト（みじん切り）　中1個分
香菜（みじん切り）　大さじ6＋大さじ2

1 Aを混ぜ合わせ、豚肉によくもみ込んでおく。
2 厚手のフライパンに油とマスタードシード、ミートカレー用ブーケガルニを入れて、弱火で温める。
3 マスタードシードがはじけ始めたら、蓋をして更に火を弱める。
4 マスタードシードの音が静まったら玉ネギを加え、混ぜながら弱めの中火で加熱する。
5 玉ネギがあめ色になったら青唐辛子、生姜を加えてよく混ぜ、トマトも加え、中火で加熱する。
6 トマトの水分が飛んだら、1と香菜大さじ6を加え、混ぜながら弱火で加熱する。
7 肉に火が通ったら、塩（分量外）適量で味を調え、食べる寸前に香菜大さじ2を加える。

▶ ポイント
・豚肉は繊維を断ち切るように切ると、柔らかく仕上がる。
・マスタードシードがなければクミンシードで代用可。

▶ **もっと本格的にするなら**
・カレーリーフ（生）があれば、1枝分の葉のみを**3**で加えるとよりおいしい。

ちょっとひと休み（チャツネ） インドカレーをより楽しくするスパイシーな箸休め

りんごのチャツネ

材料
リンゴ（皮をむき、1cm角に切る）
　1/2個分
植物油　大さじ1
マスタードシード　小さじ1/4
チキンカレー用ブーケガルニ
　（p.11参照）　1組
生姜（せん切り）　大さじ1
レモン果汁　大さじ3
砂糖　小さじ1（山盛り）
チリパウダー　小さじ1/4弱

1. 厚手の鍋に油とマスタードシード、チキンカレー用ブーケガルニを入れて、弱火で温める。
2. マスタードシードがはじけ始めたら蓋をして、火を更に弱める。
3. マスタードシードの音が静まったら蓋を取り、生姜を加え、混ぜながら弱火で加熱する。
4. 生姜の香りが立ったらリンゴ、レモン果汁、砂糖、チリパウダーも加えて蓋をし、リンゴが柔らかくなるまで弱火で加熱する。
5. 器に移し、常温に冷ます。

▶**もっと本格的にするなら**
・あれば4でマンゴーパウダー（p.119参照）小さじ1/4を加えてもよい。

パイナップルとレーズンのチャツネ

材料
パイナップル（生の果肉をみじん切り）
　1カップ弱（約85g）
レーズン　大さじ1
A
┌砂糖　大さじ2
├水　90ml
└シーフードカレー用ブーケガルニ
　（p.61参照）　1組
チリパウダー　小さじ1/8
ガラムマサラ　小さじ1/8

1. 厚手の鍋にAを入れ、蓋をして中火で加熱する。
2. 砂糖が溶けたらパイナップル、レーズンを加え、蓋をして中火で加熱する。
3. レーズンが柔らかくなったら蓋を取り、チリパウダー、ガラムマサラを加え、とろみがつくまで弱火で加熱する。
4. 器に移し、常温に冷ます。

クランベリーのチャツネ

材料
ドライクランベリー　1/2カップ
水　1カップ
シーフードカレー用ブーケガルニ
　（p.61参照）　1組
砂糖　小さじ1
ガラムマサラ　小さじ1/4

1. ドライクランベリーはボウルに入れ、かぶる程度の湯とガラムマサラ小さじ1/2（ともに分量外）を加え、ふっくらするまでつけておく。
2. 1のクランベリーを半分に切り、シーフードカレー用ブーケガルニ、分量の水とともに鍋に入れて弱火で加熱する。
3. クランベリーが柔らかくなったら砂糖とガラムマサラを加え、水分がわずかに残る程度まで煮詰める。
4. 器に移し、常温に冷ます。

えびカレー
シーフードカレー

おいしいえびカレー、シーフードカレーを作るために

- シーフードはヨーグルトに漬け込まないことをまず覚えてください。
  ヨーグルトに漬け込むとシーフードのおいしい食感が損なわれます。
- シーフードは臭みのない新鮮なものを選ぶことが原則ですが、
  流水をかけキッチンペーパーで水分をきれいにふき取ってから、
  レモン果汁やターメリックなどをかけることで、
  より臭みがなくなりおいしさが引き立ちます。

えびカレー用ブーケガルニ
ベイリーフ　1枚
クローブ　1個
グリーンカルダモン　3個
乾燥赤唐辛子　2本

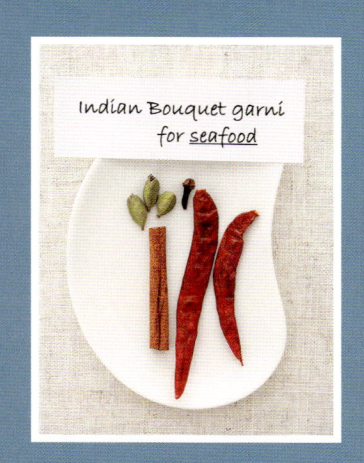

シーフードカレー用ブーケガルニ
クローブ　1個
グリーンカルダモン　3個
シナモン（またはカシアバーク）　5cm
乾燥赤唐辛子　2本

えびカレー　**はじめてのえびカレー**

えびカレーをはじめて作る方のために、簡単で手早くできるレシピをご紹介します。
このレシピの中には、おいしいえびカレーを作るためのコツやテクニックをたくさん盛り込みました。

材料
エビ（尾を残して殻をむく）　大10尾
A
├ 生姜、ニンニク（すりおろしを2：1の割合で）
　　大さじ2（山盛り）
├ **ターメリック**　小さじ1/4
└ 塩　小さじ1/4
植物油　大さじ1
マスタードシード（なければ**クミンシード**）
　小さじ1/2

玉ネギ（細かいみじん切り）　大1/2個分
トマト（みじん切り）　中2個分
B
├ **コリアンダーパウダー**　小さじ2
├ **チリパウダー**　小さじ1
└ **ターメリック**　小さじ1
香菜（粗みじん切り）　大さじ3
塩　適量

1　エビは下処理（下記参照）をした後、Aを加えてよく混ぜ、30分ほどおく。
2　厚手の鍋に油とマスタードシードを入れて、弱火で温める。
3　マスタードシードがはじけ始めたら、蓋をして更に火を弱める。
4　マスタードシードの音が静まったら蓋を取り、玉ネギを加え、混ぜながら中火で加熱する。
5　玉ネギが柔らかくなり透き通ったらトマトを加え、蓋をして弱火で加熱する。
6　トマトが崩れたらBのパウダースパイスを加えてよく混ぜ、蓋をして数分加熱する。
7　6がソース状になったら1のエビと香菜を入れ、蓋をして弱火で加熱する。
8　エビに火が通ったら塩加減を調整する。

▶ ポイント
・エビの下処理は、殻をむいて片栗粉を溶かした水でよく洗い、流水で洗ってからキッチンペーパーで水分をふき取る。エビは余分な水分をふき取ってから漬け込むと、おいしく仕上がる。
・3でマスタードシードのかわりにクミンシードを使う場合は、p.13参照。

▶ もっと本格的にするなら
・えびカレー用ブーケガルニ（p.61参照）があれば、2でマスタードシードとともに加えると、味に深みが出る。すべて揃わない場合は、あるものだけでも加えるとよい。
・あればタマリンドペースト小さじ1/4を、7で加えるとよい。
・トマトの質などにより味が物足りない場合は、トマトペーストを小さじ1/4〜1/2ほど加えてもよい。また炒め玉ネギ（市販品可）大さじ1などで味を調整することもできる。

マラバーのえびカレー

インドの南に位置するマラバーコーストのカレーです。
アラビア海に面するこのあたりではとても新鮮なえびがよく獲れ、えびとココナッツを使ったおいしい料理がたくさんあります。本来は生のココナッツとココナッツオイルで作りますが、手に入りやすい日本の食材で限りなく近い味を再現してみました。

材料

エビ（尾を残して殻をむく）　小18尾

A
- ターメリック　小さじ1/4
- 塩　小さじ1/4

B
- クミンパウダー　小さじ1
- チリパウダー　小さじ1/4
- 水　大さじ1

植物油　大さじ1

マスタードシード（またはクミンシード）　小さじ1
えびカレー用ブーケガルニ（あれば。p.61参照）　1組
玉ネギ（みじん切り）　中1個分
生姜、ニンニク（すりおろしを2：1の割合で）　大さじ1
ココナッツファイン　1カップ
トマト（みじん切り）　中1個分
香菜（みじん切り）　1/2カップ
ココナッツミルク　100ml
水　100ml
塩　適量

1. エビは下処理（p.63参照）をした後、Aを加えてよく混ぜておく。
2. Bはよく混ぜ合わせ、ペースト状にしておく。
3. 厚手の鍋に油とマスタードシードを入れて（あればえびカレー用ブーケガルニも）、弱火で温める。
4. マスタードシードがはじけ始めたら、蓋をして更に火を弱める。
5. マスタードシードの音が静まったら蓋を取り、玉ネギを加え、混ぜながら弱めの中火で加熱する。
6. 玉ネギがしんなりしたら生姜、ニンニク、ココナッツファインを加え、混ぜながら加熱する。
7. ココナッツファインがキツネ色になり始めたらトマトを加えて混ぜ、蓋をしないで加熱する。
8. トマトが崩れ始めたら**2**を加え、よく混ぜる。
9. 続けてココナッツミルク、水100mlも加え、蓋をして弱めの中火で加熱する。
10. トマトが完全に崩れたら火を止め、ブレンダーでなめらかなソースにし、とろみがついたら塩で味を調えて香菜も加え、蓋をして弱めの中火で加熱する。
11. 香菜に火が通ったら**1**のエビを加え、エビに火が通るまで蓋をして弱火で加熱する。

▶ ポイント
- **1**で加えるのはターメリックと塩のみなので、特に漬け込んでおく必要はない。
- **3**でマスタードシードのかわりにクミンシードを使う場合は、p.13参照。
- トマトの水分が極端に少ない場合は、**8**で少量の水（分量外）を加えてもよい。
- えびカレー用ブーケガルニを使用した場合、**10**でブレンダーにかける前に、大きなホールスパイスはいったん取り出してもよい（その後鍋に戻す）。
- ブレンダーやジューサーがない場合は、かけなくてもよい。

ベンガルのご馳走カレー

結婚式やパーティなど特別な日のご馳走として、大えびを使って作るベンガルのカレーです。
マイルドでえびの食感とおいしさを満喫できます。普通のえびカレーとは作り方が少し異なり、
先に火を通しておいたえびをカレーソースに合わせて仕上げます。
大えびのステーキにカレーソースを合わせたものと考えて頂くと想像しやすいでしょう。

材料

エビ（尾を残して殻をむく）　特大12尾

A
- ターメリック　小さじ1/4
- 塩　小さじ1/4

植物油（または無塩バター）　大さじ1＋大さじ1
えびカレー用ブーケガルニ（p.61参照）　1組
赤玉ネギ（すりおろし）　大1個分
生姜、ニンニク（すりおろしを2：1の割合で）
　　大さじ2

B
- コリアンダーパウダー　小さじ1（山盛り）
- クミンパウダー　小さじ2
- チリパウダー　小さじ1/4
- ターメリック　小さじ1
- 砂糖　小さじ1弱

ココナッツファイン　大さじ2
ココナッツミルク　大さじ2＋250ml
水　100ml
塩　適量

1　エビは下処理（p.63参照）をした後、Aを加えて混ぜておく。

2　ココナッツファインは同量のココナッツミルクと混ぜ、浸しておく。

3　深めのフライパンに大さじ1の油（または無塩バター）を入れて強めの中火で熱し、油が温まったら1のエビを入れて表面のみ焼き色をつけ、出た汁ごと器に取り出しておく（中まで火を通す必要はない）。

4　3のフライパンにそのまま、大さじ1の油（または無塩バター）とえびカレー用ブーケガルニを入れて、中火で温める。

5　スパイスの香りがしてきたら赤玉ネギを加え、よく混ぜる。

6　赤玉ネギが色づき始めたらすぐに生姜、ニンニク、Bを加えて混ぜる。

7　続けてココナッツミルク250ml、水100mlも加えてよく混ぜ、塩適量で味を調え、蓋をして弱めの中火で5分加熱する。

8　3のエビを汁ごと7に入れ、弱火で加熱する。

9　エビに火が通ったら2のココナッツファインを加えてよく混ぜてから、器に盛る。

▶ポイント
・赤玉ネギはすりおろしてから電子レンジ（700W）で4分加熱しておくと、調理時間が短縮できる。

▶もっと本格的にするなら
・3と4は植物油（または無塩バター）をギーにかえてもよい。その場合、市販の植物性のギーはこのレシピには合わない。動物性のギーがよい。
・あれば4でクミンシード小さじ1/2を加えてもよい。
・盛り付けるときに、好みで香菜（みじん切り）を適量加えてもよい。

デヴィルプラウンカレー

悪魔のえびカレー。辛くてもやみつきになってしまうおいしさからこのように呼ばれているカレーです。
このカレーはソースがほとんどないドライタイプ。
お米にも合いますが、インドのパン（チャパティやプーリ）にとてもよく合います。

材料

エビ（尾と殻をむく）　小18尾
A
├ 生姜、ニンニク（すりおろしを２：１の割合で）
　　大さじ２
├ **クミンパウダー**　小さじ１
├ **コリアンダーパウダー**　小さじ１（山盛り）
├ **チリパウダー**　小さじ１
├ **ターメリック**　小さじ１/４
├ レモン果汁　大さじ２
└ 塩　小さじ１/４

植物油　大さじ１
えびカレー用ブーケガルニ（あれば。p.61参照）　１組
玉ネギ（1cm角に切る）　大１個分
生姜、ニンニク（みじん切りを２：１の割合で）　大さじ２
トマト（みじん切り）　大1/4個分
パプリカ（色は問わない。1cm角に切る）　中1/2個分
わけぎ（1cm幅に切る）　３本分
香菜（みじん切り）　大さじ６（山盛り）
黒コショウ（粗挽き）　小さじ１/４
塩　適量

1　エビは下処理（p.63参照）をした後、1cm幅に切り、Aを加えて混ぜ、冷蔵庫で１時間以上漬け込む。
2　フライパンに油を入れて（あればえびカレー用ブーケガルニも）、弱めの中火で温める。
3　油が温まったら（またはスパイスの香りがし始めたら）、玉ネギを加え、よく混ぜながら弱めの中火で加熱する。
4　玉ネギが透き通ったら生姜、ニンニクを加えてよく混ぜる。
5　ニンニクに火が通ったらトマトを加えてよく混ぜ、トマトの水分が飛んだらパプリカを加えてよく混ぜ、中火で加熱する。
6　パプリカがしんなりし始めたら**1**をすべて入れ、塩も加えてよく混ぜ、中火で加熱する。
7　エビの色が変わったら、わけぎ、香菜、黒コショウを加え、混ぜながら中火でエビに火が通るまで加熱する。

えびのコフタカレー

インド料理でコフタとはお団子のこと。
色々な素材に粉を混ぜて作ったコフタカレーは家庭料理の定番です。
ここではえびのコフタにトマトソースを合わせたスパイシーなカレーをご紹介します。
パンよりもお米によく合うおいしさです。

材料
エビ（尾と殻をむく）　大6尾
A（この分量で2組分計っておく）
- **ターメリック**　小さじ1/8
- 塩　小さじ1/8
- 生姜、ニンニク（すりおろしを2：1の割合で）
　　小さじ1/2強

ヒヨコ豆の粉（p.119参照）
　　1/2カップ強＋大さじ2の水
植物油　大さじ1
クミンシード　小さじ1/2
えびカレー用ブーケガルニ（あれば。p.61参照）
　　1組
生姜、ニンニク（すりおろしを2：1の割合で）
　　大さじ1
トマト（みじん切り）　小2個分
B
- 炒め玉ネギ（こげ茶色。市販品可）　小さじ2
- **コリアンダーパウダー**　小さじ1（山盛り）
- **クミンパウダー**　小さじ1/2
- **チリパウダー**　小さじ1/2
- **ターメリック**　小さじ1
- 湯　大さじ4

フィッシュスープ（またはチキンスープ）　200ml
塩　適量

1　エビは下処理（p.63参照）をし、半分は1cmほどの幅に切り、半分はたたき、それぞれにAを混ぜて30分ほどおいておく。
2　Bはよく混ぜ合わせておく。
3　1のエビを合わせ、ヒヨコ豆の粉と大さじ2の水を加えてよく混ぜておく。
4　厚手の鍋に油とクミンシードを入れて（あればえびカレー用ブーケガルニも）、弱めの中火で温める。
5　クミンシードのまわりに泡が立ち始めたら生姜、ニンニクを加えてよく混ぜ、トマトも加え、蓋をして弱めの中火で加熱する。
6　トマトが崩れ始めたら、**2**を加えてよく混ぜる。
7　続けてスープも加え、そのまま弱めの中火で煮込む。
8　ソースに軽くとろみがついたら塩を加えて味を調える。蓋を取り、弱めの中火でソースにとろみがつくまで加熱する。
9　火を弱め、**3**を500円玉大の団子（コフタ）に丸め、ソースの上にのせるように置いていく（手のひらに分量外の油を塗ってもよい）。
10　コフタをすべて置き終わったら、蓋をして弱火で5分ほど加熱する。
11　コフタの底が固まったらそっと裏返し、**10**と同様に加熱する。

▶ ポイント
・**1**のエビは、室温が高いときは冷蔵庫に入れる。使うときに常温に戻すとよい。
・コフタはよく混ぜ合わせないと崩れやすい。
・コフタが崩れるのを防ぐため、固まるまでは必ず弱火でゆっくり火を通す。

▶ もっと本格的にするなら
・エビのコフタの中に青唐辛子（みじん切り）小さじ1/2、コリアンダーパウダー小さじ1/2（分量外）を加えると、より本格的な味に。
・香菜（みじん切り）を**7**で大さじ3加え、盛り付ける寸前にも大さじ1ほど飾る。

ゴアのえびカレー

インドの西海岸にあるゴアはアラビア海に面し、シーフードがおいしいことでも知られています。
コクムという甘酸っぱい干した西洋スグリを調味料としてカレーに入れるのが特徴です。
日本ではなかなか手に入らないので、比較的手に入れやすいタマリンドペーストで仕上げました。
味はマイルドで食べやすいおいしさです。

マドラスプラウンカレー

ニュースなどでも一度は聞いたことのある都市、
南インドのチェンナイ（マドラス）の
えびカレーです。このマドラスカレーは、辛くて
スパイシーなのに食べやすいことから親しまれ、
世界中でカレーペーストも販売されているほど。
タマリンドの酸味とココナッツミルクの
甘みがうまく調和して、えびの甘みを
引き立ててくれます。

プラウンマサラ
（えびと青唐辛子のカレー）

生姜と青唐辛子が効いた、南インド・
タミルナドゥーのドライカレーです。
本来は生のココナッツを削ったものを加えて
作るのですが、手に入りにくいため
ココナッツファインをココナッツミルクに
浸したもので代用しています。
爽やかな青唐辛子とえび、ココナッツの
甘みが調和したおいしさです。

ゴアのえびカレー

材料

エビ（尾を残して殻をむく）　大14尾

A
- 生姜、ニンニク（すりおろしを2：1の割合で）
    大さじ1
- **ターメリック**　小さじ1/2
- 塩　小さじ1/4

植物油　大さじ1
マスタードシード（または**クミンシード**）
　小さじ1/2
えびカレー用ブーケガルニ（あれば。p.61参照）
　1組
赤玉ネギ（みじん切り）　中3/4個分

B
- **コリアンダーパウダー**　小さじ1（山盛り）
- **チリパウダー**　小さじ1
- タマリンドペースト　小さじ1
- 水　大さじ2

ココナッツミルク　200ml
水　100ml
塩　適量

1. エビは下処理（p.63参照）をした後、Aを加えて混ぜておく。
2. Bはよく混ぜ合わせておく。
3. 厚手の鍋に油とマスタードシードを入れて（あればえびカレー用ブーケガルニも）、弱火で温める。
4. マスタードシードがはじけ始めたら、蓋をして更に火を弱める。
5. マスタードシードの音が静まったら蓋をとり、赤玉ネギを加え、混ぜながら弱めの中火で加熱する。
6. 赤玉ネギがしんなりしたら、2を加えてよく混ぜる。
7. ココナッツミルクと水100mlを加え、蓋をして中火で5分ほど加熱する。
8. 赤玉ネギが柔らかくなったら塩で味を調え、蓋を取り、弱めの中火でソースにとろみがつくまで加熱する。
9. 1をすべて加え、エビに火が通るまで弱めの中火で加熱する。

▶ポイント

・3でマスタードシードのかわりにクミンシードを使う場合は、p.13参照。

マドラスプラウンカレー

材料

エビ（尾を残して殻をむく）　大10尾

A
- 生姜、ニンニク（すりおろしを2：1の割合で）
    大さじ2
- **ターメリック**　小さじ1/2
- 塩　小さじ1/4

植物油　大さじ1
クミンシード　小さじ1/2
えびカレー用ブーケガルニ（p.61参照）　1組
玉ネギ（みじん切り）　大1個分

B
- **コリアンダーパウダー**　小さじ1（山盛り）
- **チリパウダー**　小さじ1/2
- トマトペースト　小さじ2
- タマリンドペースト　小さじ1
- 水　大さじ2

ココナッツミルク　100ml
水　200ml
香菜（みじん切り）　大さじ2（山盛り）
塩　適量

1. エビは下処理（p.63参照）をした後、Aを加えて混ぜておく。
2. Bはよく混ぜ合わせておく。
3. 厚手の鍋に油とクミンシード、えびカレー用ブーケガルニを入れて、弱めの中火で温める。
4. クミンシードのまわりに泡が立ち始めたら玉ネギを加え、混ぜながら加熱する。
5. 玉ネギが柔らかくなったら2を加え、よく混ぜる。

6 ココナッツミルク、水200ml、香菜を加え、蓋をして中火で加熱する。

7 玉ネギが崩れるほど柔らかくなったら蓋を取り、いったん火を止め、ブレンダーでなめらかなソースにする。

8 塩で味を調え、弱めの中火でソースにとろみがつくまで加熱する。

9 1をすべて加え、蓋をしてエビに火が通るまで弱めの中火で加熱する。

▶ ポイント
・7でブレンダーにかける前に、大きなホールスパイスはいったん取り出してもよい（その後鍋に戻す）。

▶ もっと本格的にするなら
・あればカレーリーフ（生）の葉1枚分、フェヌグリークシード（p.119参照）小さじ1/8を3で加えてもよい。
・盛り付けるときに、好みで香菜（分量外）を加えてもよい。

プラウンマサラ（えびと青唐辛子のカレー）

材料
生むきエビ（小） 300g
A
├ **ターメリック** 小さじ1/4
├ 塩 小さじ1/4
└ 生姜、ニンニク（すりおろしを2：1の割合で） 小さじ1強
B
├ ココナッツファイン 大さじ9
└ ココナッツミルク 大さじ4
C
├ **コリアンダーパウダー** 小さじ2（山盛り）
├ **チリパウダー** 小さじ1/2
└ **ターメリック** 小さじ1/2
植物油 大さじ1
マスタードシード（または**クミンシード**） 小さじ1/2

えびカレー用ブーケガルニ（あれば。p.61参照） 1組
赤玉ネギ（みじん切り） 中1/2個分
生姜、ニンニク（みじん切りを2：1の割合で） 大さじ4（山盛り）
青唐辛子（みじん切り） 5本分（好みで増減）
塩 適量
レモン果汁 大さじ1 （またはマンゴーパウダー〈p.119参照〉小さじ1/2）
香菜（粗みじん切り） 大さじ3（山盛り）

1 むきエビはよく洗ってから軽く水気をふき、Aを加えて混ぜておく。

2 Bはよく混ぜておく。

3 厚手の鍋に油とマスタードシードを入れて（あればえびカレー用ブーケガルニも）、弱火で温める。

4 マスタードシードがはじけ始めたら、蓋をして更に火を弱める。

5 マスタードシードの音が静まったら、赤玉ネギを加え、混ぜながら弱めの中火で加熱する。

6 赤玉ネギがピンク色になったら生姜、ニンニク、青唐辛子を加えてよく混ぜる。

7 ニンニクに火が通ったら2のココナッツを加えてよく混ぜ、Cのパウダースパイスも加え、混ぜながら弱めの中火で加熱する。

8 パウダースパイスの香りが立ったら、1をすべて加え、混ぜながら火を通し、塩で味を調える。

9 盛り付ける寸前にレモン果汁、香菜を加える。

▶ ポイント
・1のエビは、室温が高い場合は冷蔵庫に入れてもよい。調理の前に常温に戻してから使う。
・3でマスタードシードのかわりにクミンシードを使う場合は、p.13参照。

▶ もっと本格的にするなら
・4でカレーリーフ（生）の葉1枝分を加えると香りが引き立つ。
・生のココナッツを使う場合は2のようにココナッツミルクと混ぜる必要はなく、削ったもの大さじ3のみを7で加えればよい。

えびのグリーンカレー

手軽に作れるココナッツベースのカレーです。タイのグリーンカレーとはまた違ったおいしさが楽しめます。香菜がたくさん手に入ったときに、ぜひお試しいただきたいマイルドなカレーです。

プラウンパティア

ペルシャからインドに渡った移民から生まれたカレーです。えびのほかに魚を使うこともあります。このカレーは大きめのえびを使うことから特別な日の料理とされ、結婚式やパーティなどに欠かせないご馳走カレーです。甘くて辛くて酸っぱい少しマニアックなおいしさです。

▶

ビリヤーニ（インドの炊き込みご飯）で有名な、ハイダラバードのえびカレーです。味の濃いトマトが手に入ったときにぜひお試しください。炊き上がったインドの米（バスマティライス）でこのカレーを挟み、蓋をして弱火で加熱すれば、おいしいえびのビリヤーニも楽しめます。

ハイダラバードのえびトマトカレー

えびのグリーンカレー

材料
エビ（尾を残して殻をむく）　中10尾
A
├ **ターメリック**　小さじ1/2
└ 塩　小さじ1/4
植物油　大さじ1
えびカレー用ブーケガルニ（あれば。p.61参照）
　1組
玉ネギ（みじん切り）　中1/2個分
B
├ ヨーグルト（プレーン）　150ml
├ ココナッツミルク　100ml
├ 香菜　40g
├ 生姜、ニンニク（すりおろしを2：1の割合で）
│　　大さじ2
├ トマトペースト　小さじ1/4
├ **ターメリック**　小さじ1/4
├ **クミンパウダー**　小さじ1
├ **ガラムマサラ**　小さじ1/2
└ **チリパウダー**　小さじ1/2
塩　適量

1　エビは下処理（p.63参照）をした後、Aを加えて混ぜておく。
2　Bはブレンダーで混ぜておく。
3　厚手の鍋に油を入れ（あればえびカレー用ブーケガルニも）、弱めの中火で温める。
4　油が温まったら（またはスパイスの香りがし始めたら）、玉ネギを加え、弱めの中火で加熱する。
5　玉ネギが柔らかくなり茶色くなったら、2を加えて弱火で加熱する（蓋はしなくてよい）。
6　ソースにとろみがついたら、塩を加えて味を調える。
7　1をすべて加え、エビに火が通るまで弱めの中火で加熱する。

▶ ポイント
・2のソースにはヨーグルトが含まれているので、5では必ず弱火で加熱する。強火にするとダマになりやすい。

▶ もっと本格的にするなら
・えびカレー用ブーケガルニはすべて揃わなければ、あるものだけでも加えるとよい。

・マスタードシードがあれば、小さじ1/2を3で加えるとよりおいしい（使い方はp.46参照）。
・4でカレーリーフ（生）の葉を1枝分加えてから玉ネギを加えると、より本格的な味になる。
・6では好みで粗挽き黒コショウ適量を加えてもよい。
・盛り付けのときに、好みで香菜のみじん切り（分量外）を加えてもよい。

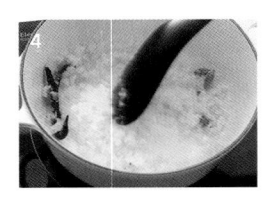

プラウンパティア

材料
エビ（尾を残して殻をむく）　大10尾
ターメリック　小さじ1/4
塩　小さじ1/4
A
├ 玉ネギ（すりおろし）　大2個分
├ 青唐辛子（輪切り）　2本分
└ 生姜、ニンニク（すりおろし2：1の割合で）
　　大さじ2
B
├ **ターメリック**　小さじ1/2
├ **コリアンダーパウダー**　小さじ1（山盛り）
├ **チリパウダー**　小さじ1/2
├ 炒め玉ネギ（こげ茶色。市販品可）　小さじ1
├ トマトペースト　小さじ1
├ キビ砂糖　小さじ1
├ タマリンドペースト　小さじ1
└ 水　大さじ3
植物油　大さじ1
マスタードシード（または**クミンシード**）　小さじ1
えびカレー用ブーケガルニ（あれば。p.61参照）
　1組
水　100ml
塩　適量

1 エビは下処理（p.63参照）をした後、ターメリックと塩を加えて混ぜておく。
2 Bはよく混ぜておく。
3 フライパンに油とマスタードシードを入れて（あればえびカレー用ブーケガルニも）、弱火で温める。
4 マスタードシードがはじけ始めたら、蓋をして更に火を弱める。
5 マスタードシードの音が静まったら蓋を取り、Aを加え、混ぜながら弱めの中火で加熱する。
6 玉ネギの水分が蒸発して茶色く色づいたら、**2**を加えてよく混ぜ、水100mlも加え、蓋をして中火で加熱する。
7 ソースにとろみがついたら塩で味を調え、**1**をすべて加え、蓋をして弱火でエビに火が通るまで加熱する。

▶ ポイント
・玉ネギはすりおろしてから皿に盛り、電子レンジ（700W）で4分加熱しておくと、調理時間が短縮できる。
・キビ砂糖は、甜菜糖小さじ1、または白砂糖小さじ1/2にかえてもよい。
・**3**でマスタードシードのかわりにクミンシードを使う場合は、p.13参照。

▶ もっと本格的にするなら
・エビがソースを吸収するまで常温におき、食べる寸前に温めなおすとよりおいしい。

ハイダラバードのえびトマトカレー

材料
エビ（尾を残して殻をむく）　中20尾
A
├ 生姜、ニンニク（すりおろしを2：1の割合で）
│　　大さじ3
├ **ターメリック**　小さじ1/2
└ 塩　小さじ1/4
植物油　大さじ1
マスタードシード（または**クミンシード**）
　小さじ1/2
えびカレー用ブーケガルニ（あれば。p.61参照）
　1組
玉ネギ（すりおろし）　大1個分
トマト（みじん切り）　中1個分
B
├ **クミンパウダー**　小さじ1（山盛り）
├ **コリアンダーパウダー**　小さじ1（山盛り）
├ **チリパウダー**　小さじ1/2
├ トマトペースト　小さじ1
└ 水　大さじ2
香菜（みじん切り）　大さじ3（山盛り）
水　200ml
塩　適量

1 エビは下処理（p.63参照）をした後、Aを加えて混ぜておく。
2 Bはよく混ぜ合わせておく。
3 厚手の鍋に油とマスタードシードを入れて（あればえびカレー用ブーケガルニも）、弱火で温める。
4 マスタードシードがはじけ始めたら、蓋をして更に火を弱める。
5 マスタードシードの音が静まったら蓋を取り、玉ネギを加え、よく混ぜながら弱めの中火で加熱する。
6 玉ネギの水分が蒸発して茶色くなったら、**2**を加えてよく混ぜる。
7 トマトを加えてよく混ぜ、蓋をして弱めの中火で加熱する。
8 トマトが崩れ始めたら香菜、水200mlも加え、蓋をして加熱する。
9 トマトが完全に崩れて香菜に火が通ったら蓋を取り、塩で味を調えて加熱する。
10 **9**のソースにとろみがついたら**1**をすべて加え、蓋をして、エビに火が通るまで加熱する。

▶ ポイント
・**1**のエビは、室温が高いときや30分以上おく場合は冷蔵庫に入れる。使うときに常温に戻すとよい。
・**3**でマスタードシードのかわりにクミンシードを使う場合は、p.13参照。
・**5**の玉ネギはすりおろしてから皿に盛り、電子レンジ（700W）で4分ほど加熱してから使用すると、調理時間を短縮できる。

▶ もっと本格的にするなら
・フェヌグリークシード（p.119参照）があれば、小さじ1/8を**3**で加えるとよい。

シーフードカレー > **スパイシーシーフードカレー**

スパイシーなトマトベースのシーフードカレーです。盛りだくさんのシーフードを加えて作ります。
合わせるシーフードを変えるたびに、微妙な味の変化が楽しめます。
どちらかというとお米に合わせて食べてほしいカレーです。

ミックスシーフードカレー

我が家でよく作るシーフードカレーです。
シーフードは煮込む時間が少なくてすむので、
時間のないときでもこのカレーは手軽に作れて便利です。

スパイシーシーフードカレー

材料

シーフード
├ ホタテ貝柱（生。半分にスライス）　大4個分
├ ヤリイカ（1cmの輪切り）　小2ハイ分
├ アサリ（砂抜きしたもの）　大5、6個
└ エビ（尾を残して殻をむく）　中4尾
植物油　大さじ1
クミンシード　小さじ1/2
シーフードカレー用ブーケガルニ（あれば。p.61参照）
　1組
生姜、ニンニク（すりおろしを2：1の割合で）
　大さじ1（山盛り）
トマト（みじん切り）　小2個分

A
├ **クミンパウダー**　小さじ1/2
├ **コリアンダーパウダー**　小さじ1（山盛り）
├ **チリパウダー**　小さじ1/2
├ **ターメリック**　小さじ1
└ 水　大さじ2
香菜（みじん切り）　大さじ1（山盛り）
B
├ フィッシュスープ（またはチキンスープ）　200ml
└ 炒め玉ネギ（こげ茶。市販品可）　小さじ2
塩　適量（控えめに）

1　エビは下処理（p.63参照）をし、その他のシーフードもキッチンペーパーで余分な水分を取り除いておく。
2　Aはよく混ぜ合わせておく。
3　深めのフライパンに油とクミンシードを入れて（あればシーフードカレー用ブーケガルニも）、弱めの中火で加熱する。
4　クミンシードのまわりに泡が立ち始めたら生姜、ニンニクを加えてよく混ぜる。
5　ニンニクに火が通ったら、トマトを加えてよく混ぜ、蓋をして弱めの中火で加熱する。
6　トマトが崩れたら**2**を加えてよく混ぜ、Bも加えて混ぜ、一煮立ちさせる。
7　ソースにとろみがついたら**1**のシーフード、香菜を加え、蓋をして弱火で加熱する。
8　シーフードに火が通り始めたら塩で味を調え、弱火で火を通す。

▶ ポイント
・6で炒め玉ネギが固いようであれば、大さじ3ほどの湯（分量外）で溶いてから入れてもよい。
・8の塩は、アサリから出る塩分を考慮して少しずつ加える。
・盛り付けるときに、好みで香菜（みじん切り）を適量（分量外）加えてもよい。

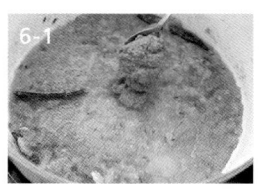

ミックスシーフードカレー

材料

シーフード
├ ヤリイカ（ワタを取り輪切り）　小2ハイ分
├ 渡りガニ（関節で切っておく）　150g
└ エビ（尾を残して殻をむく）　中5尾
ターメリック　小さじ1/2
レモン果汁　大さじ2
植物油　大さじ1
クミンシード　小さじ1/2
シーフードカレー用ブーケガルニ（あれば。p.61参照）
　1組
赤玉ネギ（みじん切り）　中1個分

生姜、ニンニク（すりおろしを2：1の割合で）
　大さじ1（山盛り）
トマト（粗みじん切り）　中1½個分
炒め玉ネギ（あめ色。市販品可）　大さじ1
A
├ **コリアンダーパウダー**　小さじ2（山盛り）
├ **チリパウダー**　小さじ1
├ **ターメリック**　小さじ1
└ 水　大さじ2
ココナッツミルク　100ml
生クリーム　100ml
塩　小さじ1/2〜の適量

1　エビは下処理（p.63参照）をし、その他のシーフードもキッチンペーパーで水分をよくふき取ってから、レモン果汁にターメリックを溶いたものをかけ、馴染ませておく。
2　Aはよく混ぜてペーストを作っておく。
3　厚手の鍋に油とクミンシードを入れ（あればシーフードカレー用ブーケガルニも）、弱めの中火で温める。
4　クミンシードのまわりに泡が立ち始めたら、赤玉ネギを加え、混ぜながら弱めの中火で加熱する。
5　赤玉ネギがしんなりと柔らかくなったら生姜、ニンニクを加えて混ぜる。
6　ニンニクに火が通ったらトマトを加え、蓋をして弱めの中火で加熱する。
7　トマトが崩れてソース状になったら、炒め玉ネギと**2**を加えてよく混ぜ、蓋を取り、中火で加熱する。
8　ソースにとろみがついたらココナッツミルク、生クリームを加え、**1**のシーフードも加える。
9　シーフードに火が通り始めたら塩加減をし、蓋をして、弱めの中火でシーフードに火が通るまで加熱する。

▶ ポイント

・玉ネギは切った後に皿にのせ、電子レンジ（700W）で4分加熱してから使用すると、調理時間を短縮できる。
・シーフードを加える前に、ブレンダーでソースをなめらかにしてもよい。
・シーフードは上記に限らず、好みのもので作れる。

フィッシュマパス（白身魚のケララカレー）

南インド・ケララ州のフィッシュカレーです。マイルドで食べやすく、作りやすいカレーです。サラサラしたソースがご飯とよく合います。現地では豆と米を土製のポットに入れて作るポンガルという米料理と一緒に食べますが、ご自宅ではバスマティライスまたは固めに炊いた日本米と合わせてください。

平目のモーリー（平目のスパイシーカレー）

モーリーとは南インドのケララで作られてきたマイルドなココナッツカレーです。
モーリーは淡白な白身の魚と相性がよく、平目がないときには鱈などと合わせても
おいしく召し上がって頂けます。魚をソースに入れたら動かさないことが、
このモーリーをおいしく作るコツです。

フィッシュマパス（白身魚のケララカレー）

材料
カジキマグロ（切り身。他の白身魚でも可）　大3枚
レモン果汁　大さじ2
ターメリック　小さじ1/2
植物油　大さじ1
マスタードシード（または**クミンシード**）　小さじ1
シーフードカレー用ブーケガルニ
　　（あれば。p.61参照）　1組
赤玉ネギ（繊維を断ち切るように薄切り）　中1個分
生姜（みじん切り）　大さじ1（山盛り）
トマト（粗みじん切り）　小1個分
青唐辛子　1本
A
├ **コリアンダーパウダー**　小さじ3
├ **チリパウダー**　小さじ1
├ **ターメリック**　小さじ1
├ トマトペースト　小さじ1/2
└ 水　大さじ3
ココナッツミルク　180ml
水　180ml
塩　小さじ1/2〜の適量

1　カジキマグロは一口大に切り、レモン果汁にターメリックを溶かしたものに漬けておく。
2　Aはよく混ぜ合わせておく。
3　厚手の鍋に油とマスタードシードを入れて（あればシーフードカレー用ブーケガルニも）、弱火で温める。
4　マスタードシードがはじけ始めたら、蓋をして更に火を弱める。
5　マスタードシードの音が静まったら蓋を取り、赤玉ネギを加え、混ぜながら弱めの中火で加熱する。
6　赤玉ネギが透き通ったら生姜と2を加えて混ぜ、続けてトマト、青唐辛子も加え、蓋をして弱火で加熱する。
7　トマトが崩れてソース状になったらココナッツミルク、水180mlを加えて蓋を取り、わずかなとろみがつくまで弱めの中火で加熱する。
8　塩で味を調え、1の魚のみ（漬け汁は入れない）を加え、蓋をして、魚に火が通るまで弱めの中火で加熱する。

▶ ポイント
・1の魚は室温が高い場合は冷蔵庫に入れるが、漬けおき時間は30分程度までがよい。
・3でマスタードシードのかわりにクミンシードを使う場合は、p.13参照。
・玉ネギは皿にのせ、電子レンジ（700W）で4分加熱しておくと、調理時間を短縮できる。
・好みでニンニク（すりおろし）小さじ1を、6で加えてもよい。

｛ヨーグルトライス｝

材料
バスマティライス（p.119参照）　1カップ
植物油　大さじ1
マスタードシード（または**クミンシード**）
　小さじ1/2

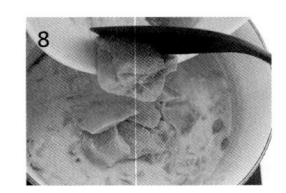

A
├ ヨーグルト（プレーン）　180ml
├ 生姜（みじん切り）　大さじ2
├ 青唐辛子（みじん切り）　2本分
└ 塩　小さじ1/2～の適量

1　バスマティライスは日本米より軽く洗い、水加減をし、5分ほどしたら日本米と同様に炊飯器で炊く。
2　1が炊き上がったらボウルに移し、軽くかき混ぜる。
3　2にAを加えてよく混ぜておく。
4　フライパンに油とマスタードシードを入れて、弱火で温める。
5　マスタードシードがはじけ始めたら蓋をして、火を更に弱める。
6　マスタードシードの音が静まったら蓋を取り、油ごと3に加えてよく混ぜる。

▶ ポイント
・あれば5でウラドダル（割り。p.99参照）小さじ1、カレーリーフ（生）1枝分の葉を加えると、より本格的に。

平目のモーリー（平目のスパイシーカレー）

材料
ヒラメ（一口大に切る）
　　300g（骨を抜き皮をむいた重さ）
植物油　大さじ1
マスタードシード（または**クミンシード**）　小さじ1
シーフードカレー用ブーケガルニ
　（あれば。p.61参照）　1組
赤玉ネギ（繊維を断ち切るようにスライス）
　中1/2個分
生姜、ニンニク（すりおろしを2：1の割合で）
　大さじ1（山盛り）
青唐辛子　1本
炒め玉ネギ（あめ色。市販品可）　小さじ1
トマト（みじん切り）　小1個分
A
├ **コリアンダーパウダー**　大さじ1
├ **チリパウダー**　小さじ1/2
├ **ターメリック**　小さじ1
└ 水　大さじ2
ココナッツミルク　200ml
フィッシュスープ（またはチキンスープ）　100ml
レモン果汁　大さじ1
塩　適量

1　Aはよく混ぜ合わせておく。
2　厚手の鍋に油とマスタードシードを入れて（あればシーフードカレー用ブーケガルニも）、弱火で温める。
3　マスタードシードがはじけ始めたら、蓋をして更に火を弱める。
4　マスタードシードの音が静まったら蓋を取り、赤玉ネギを加え、混ぜながら弱めの中火で加熱する。
5　赤玉ネギが透明になりしんなりしたら生姜、ニンニク、青唐辛子、炒め玉ネギも加え、混ぜながら弱めの中火で加熱する。
6　ニンニクに火が通ったら1を加えて混ぜ、トマトも加え、混ぜながら中火で加熱する。
7　トマトの形が完全に崩れたらココナッツミルク、フィッシュスープ、レモン果汁を加え、弱めの中火で加熱する。
8　7にとろみがついてきたら塩で味を調え、ヒラメも加える。
9　蓋をして、弱火でヒラメに火が通るまで加熱する。

▶ ポイント
・ヒラメは淡白なので、あえてターメリックやレモン果汁に漬けない。他の白身魚を使用する場合は、レモン果汁大さじ2にターメリック小さじ1/2を溶かしたものをかけて馴染ませるとよい。

▶ もっと本格的にするなら
・クミンシードでも作れるが、マスタードシードを使ったほうが、特にモーリーの場合は本格的な味になる。
・生のカレーリーフがあれば、1枝分（葉のみ）を3で加えるとよい。
・火からおろす寸前に、好みで黒コショウ（粗挽き）を少量加えてもおいしい。

鱈のチャパラプリュス（鱈のトマトカレー）

インドの中でも食の都と呼ばれるアンドラプラディッシュ。
ここでの伝統的な魚のカレー、チャパラプリュスはトマトベースのスパイシーなカレーです。
このソースには、クセのない白身魚がよく合います。

アサリのクリームカレー

アラビア海に面したインドの南西に位置する
ゴアでは、新鮮な魚や貝が豊富で、料理にも
その特長がよく活かされています。
ここでは日本で手に入れやすいアサリを使って
作りました。バスマティライスなどの
お米に合わせたり、パンにつけながら
おつまみとしても召し上がれます。

アサリとココナッツの ドライカレー

西インドの南から南インドにかけての
海沿いには、ココナッツを使ったお料理が
とても豊富。中でもココナッツとスパイスを
絡めて作るドライカレーは、色々な材料を
合わせて作られます。ここでは大きめのアサリと
合わせて作りました。日本人にはちょっと
マニアックなおいしさかもしれませんが、
ビールのおつまみにいいと思います。

鱈のチャパラプリュス（鱈のトマトカレー）

材料
真ダラ（または助惣ダラ。切り身）　大3切れ
ターメリック　小さじ1/4
植物油　大さじ1
マスタードシード（またはクミンシード）
　小さじ1/2
シーフードカレー用ブーケガルニ
　（あれば。p.61参照）　1組
赤玉ネギ（みじん切り）　中1/2個分
生姜、ニンニク（すりおろしを2：1の割合で）
　大さじ1（山盛り）
トマト（粗みじん切り）　大1個分
A
├ **コリアンダーパウダー**　小さじ2（山盛り）
├ **クミンパウダー**　小さじ1（山盛り）
├ **チリパウダー**　小さじ1
├ **ターメリック**　小さじ1
├ タマリンドペースト　小さじ1/4強
├ トマトペースト　小さじ1/4
└ 水　大さじ3
塩　小さじ1/2〜の適量

1　タラは大きめの一口大に切り、ターメリックをかけて馴染ませておく。
2　Aはよく混ぜてペーストを作っておく。
3　厚手の鍋に油とマスタードシードを入れて（あればシーフードカレー用ブーケガルニも）、弱火で温める。
4　マスタードシードがはじけ始めたら、蓋をして更に火を弱める。
5　マスタードシードの音が静まったら蓋を取り、赤玉ネギを加え、混ぜながら中火で加熱する。
6　赤玉ネギが透き通ったら生姜、ニンニク、トマトを加え、蓋をして弱めの中火で加熱する。
7　トマトが崩れてソース状になったら2を加えて蓋を取り、とろみがつくまで中火で加熱する。
8　塩で味を調え、1のタラを加え、蓋をして弱火でタラに火が通るまで加熱する。

▶ ポイント
・3でマスタードシードのかわりにクミンシードを使う場合は、p.13参照。

アサリのクリームカレー

材料
アサリ（砂抜きしたもの）　大30個ほど
植物油　大さじ1
クミンシード（またはマスタードシード）
　小さじ1/2
玉ネギ（みじん切り）　中1/4個分
生姜、ニンニク（すりおろしを2：1の割合で）
　大さじ1（山盛り）
ココナッツファイン　大さじ5
トマト（みじん切り）　小1/2個分
A
├ **コリアンダーパウダー**　小さじ2（山盛り）
├ **チリパウダー**　小さじ1/2
├ **ターメリック**　小さじ1/2
└ 水　大さじ2
B
├ ココナッツミルク　100ml
└ フィッシュスープ（またはチキンスープ）　200ml
塩　適量（控えめに）

1　Aはよく混ぜ合わせておく。
2　深めのフライパンに油とクミンシードを入れて、弱めの中火で加熱する。
3　クミンシードのまわりに泡が立ち始めたら、玉ネギを加え、混ぜながら加熱する。
4　玉ネギが柔らかくなりしんなりしたら生姜、ニンニク、ココナッツファインを加えてよく混ぜる。
5　ココナッツファインが色づき始めたら、**1**を加えてよく混ぜ、トマトも加え、蓋をして弱めの中火で加熱する。
6　トマトが崩れたら蓋を取り、Bを加えて弱火で加熱する。
7　6にとろみがついたらアサリを加え、蓋をして、弱めの中火でアサリが開くのを待つ。
8　アサリが開いたら、必要であれば少量の塩で味を調え、アサリが殻からはずれないようにソースを絡めてから盛り付ける。

▶ もっと本格的にするなら
・マスタードシードがあれば、小さじ1/2をクミンシードにかえて**2**で使用すると、また違ったおいしさが味わえる（使い方はp.63参照）。

- カレーリーフ（生）があれば、**2** で1枝分の葉を加えると、より本格的な香りに仕上がる。
- より濃厚にしたい場合は、ココナッツミルクを200mlに増量してもおいしい。
- 好みで、食べる寸前にライム果汁を適量加えてもよい。

アサリとココナッツのドライカレー

材料
アサリ（砂抜きしたもの）　大30個ほど
植物油　大さじ1
マスタードシード（または**クミンシード**）　小さじ1
シーフードカレー用ブーケガルニ（p.61参照）
　1組
玉ネギ（みじん切り）　中1/4個分
生姜、ニンニク（みじん切りを2：1の割合で）
　大さじ2（山盛り）
トマト（みじん切り）　小1/4個分
A
├ ココナッツファイン　1カップ
└ ココナッツミルク　1/2カップ強
B
├ **コリアンダーパウダー**　小さじ2（山盛り）
├ **チリパウダー**　小さじ1/2
└ **ターメリック**　小さじ1/2
塩　適量（控えめに）
香菜（みじん切り）　適量

1　Aはボウルに入れてよく混ぜ合わせておく。
2　深めのフライパンに油とマスタードシード、シーフードカレー用ブーケガルニを入れて、弱火で加熱する。
3　マスタードシードがはじけ始めたら、蓋をして更に火を弱める。
4　マスタードシードの音が静まったら蓋を取り、玉ネギを加え、混ぜながら弱めの中火で加熱する。
5　玉ネギが透き通り柔らかくなったら生姜、ニンニクも加え、混ぜながら加熱する。
6　ニンニクに火が通ったらトマトを加え、よく混ぜながら加熱する。
7　トマトが崩れ始めたら、続けて**1**とBも加えてよく混ぜ、アサリも加えてよく混ぜてから、蓋をして弱めの中火で加熱する。
8　アサリがすべて開いたら蓋を取り、アサリが殻からはずれないように時々混ぜ、必要であれば少量の塩で味を調える。
9　火からおろす寸前に香菜を加え、混ぜてから器に盛り付ける。

▶ポイント
- マスタードシードのかわりにクミンシードを使う場合は、p.13参照。
- **8** ではアサリから塩分が出てくるので、味見をしてから控えめに塩を加えたほうがよい。

▶もっと本格的にするなら
- カレーリーフ（生）があれば、1枝分の葉を **3** で加えると、より本格的な香ばしさが加わる。

ホタテのチャパラプリュス（ホタテのトマトカレー）

アンドラプラディッシュの伝統的な魚のカレー、チャパラプリュス。このカレーはとてもスパイシー。トマトとタマリンドの酸味も爽やかです。ここでは崩したホタテ貝を使って作りました。最近では日本でもタマリンドをよく見かけるようになりました。輸入食材店などで手に入れてお試しください。

ホタテのモーリー（ホタテのクリームカレー）

ケララ地方のモーリーは、キリスト教徒から生まれたインド料理といわれています。
ココナッツミルクに酢を加えて作るとてもマイルドな味が特徴です。インドの酢はココナッツ、
シュガーメープル、樺の樹液から作られ、それぞれ独特の風味があります。
ここでは手に入りやすいレモン汁を使いサッパリと軽く仕上げました。

ホタテのチャパラプリュス（ホタテのトマトカレー）

材料
ホタテ貝柱　250g
植物油　大さじ1
マスタードシード（または**クミンシード**）　小さじ1
シーフードカレー用ブーケガルニ
　（あれば。p.61参照）　1組
玉ネギ（みじん切り）　中1/2個分
生姜、ニンニク（すりおろしを2：1の割合で）
　大さじ2（山盛り）
トマト（粗みじん切り）　小1個分

A
- **コリアンダーパウダー**　小さじ2（山盛り）
- **クミンパウダー**　小さじ1（山盛り）
- **チリパウダー**　小さじ1
- **ターメリック**　小さじ1
- タマリンドペースト　小さじ1/4強
- トマトペースト　小さじ1/4
- 炒め玉ネギ（こげ茶色。市販品可）　小さじ1（山盛り）

塩　適量

1. ホタテ貝柱は200mlの沸騰した湯で火を通し、細かく裂いておく。ゆで汁を90ml取りよけてから、裂いたホタテ貝柱は残りのゆで汁につけておく。
2. 1で取りおいたゆで汁90mlをAに加え、よく混ぜ合わせておく。
3. 厚手の鍋に油とマスタードシードを入れて（あればシーフードカレー用ブーケガルニも）、弱火で温める。
4. マスタードシードがはじけ始めたら、蓋をして更に火を弱める。
5. マスタードシードの音が静まったら蓋を取り、玉ネギを加え、混ぜながら弱めの中火で加熱する。
6. 玉ネギが透き通り柔らかくなったら生姜、ニンニク、トマトを加え、蓋をして加熱する。
7. トマトが崩れてソース状になったら蓋を取り、2を加えてよく混ぜ、蓋をして加熱する。
8. 玉ネギがとろけるほど柔らかくなったら蓋を取り、1のホタテをつけておいた汁ごと加え、塩で味を調え、弱めの中火でソースにわずかなとろみがつくまで加熱する。

▶ポイント
- 3でマスタードシードのかわりにクミンシードを使う場合は、p.13参照。

▶もっと本格的にするなら
- フェヌグリークシード（p.119参照）があれば、小さじ1/8を3で加えると、より本格的な味になる。フェヌグリークシードは入れすぎると苦みが出るので、必要量を守る。

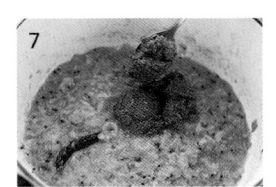

ホタテのモーリー（ホタテのクリームカレー）

材料
ホタテ貝柱（好みの大きさに切る）　中8個
ターメリック　小さじ1/2
レモン果汁　大さじ3
植物油　大さじ1
マスタードシード（または**クミンシード**）
　　小さじ1/2
シーフードカレー用ブーケガルニ
　　（あれば。p.61参照）　1組
赤玉ネギ（繊維を断ち切るようにスライス）
　　中1/2個分

A
├ 生姜、ニンニク（みじん切りを2：1の割合で）
│　　大さじ1（山盛り）
├ 青唐辛子　1本
├ 炒め玉ネギ（あめ色。市販品可）　小さじ1
└ トマト（みじん切り）　小1個分
B
├ **コリアンダーパウダー**　大さじ1
├ **チリパウダー**　小さじ1/2
├ **ターメリック**　小さじ1/2
└ 水　大さじ2
ココナッツミルク　200ml
フィッシュスープ（またはチキンスープ）　100ml
塩　適量

1　ホタテ貝柱はよく水気をふき取り、ターメリックを溶いたレモン果汁をかけて15分ほど常温で馴染ませておく。
2　1のホタテをキッチンペーパーで軽く押さえ、熱く熱したフライパンで表面のみさっと火を通し、皿に取り出しておく。ホタテをつけていたレモン果汁も別容器で取りおく。
3　Bはよく混ぜ合わせておく。
4　厚手の鍋に油とマスタードシードを入れて（あればシーフードカレー用ブーケガルニも）、弱火で温める。
5　マスタードシードがはじけ始めたら、蓋をして更に火を弱める。
6　マスタードシードの音が静まったら蓋を取り、赤玉ネギを加え、混ぜながら弱めの中火で加熱する。
7　赤玉ネギが透明になりしんなりしたらAを加え、混ぜながら加熱する。
8　トマトが崩れ始めたら3を加えてよく混ぜてから、弱めの中火で加熱する。
9　トマトが完全に崩れたら蓋を取り、ココナッツミルク、スープを加えて加熱する。
10　9にとろみがついてきたら塩で味を調え、2をすべて加え、蓋をして弱めの中火でホタテに火が通るまで加熱する。

▶ ポイント
・4でマスタードシードのかわりにクミンシードを使う場合は、p.13参照。

▶ もっと本格的にするなら
・カレーリーフ（生）があれば、1枝分の葉を4で加えると、より本格的な香ばしい香りが出せる。

白身魚のグリーンドライカレー

カレーペーストを作り、魚の表面に塗って漬け込んだものを焼いたドライカレーです。
イギリスのインド料理店にある、一風変わったアングロインディアン料理。
マラバーコースト沿いのフィッシュフライからアレンジされたものだと思います。
次頁のレッドドライカレーとともに、個性的でマニアックな味です。

白身魚のレッドドライカレー

食べるときに、焼き上がったカレーペーストと魚、米、ライム果汁を混ぜ合わせてはじめて、本来の味が味わえます。魚をほぐし、バスマティライスかジャスミンライスと混ぜながらお楽しみください。

白身魚のグリーンドライカレー

材料
メバル（または他の淡白な魚）　中2尾
植物油　大さじ1
玉ネギ（みじん切り）　小1個分
青唐辛子（ヘタを取り除く）　2本
生姜（みじん切り）　40g
ニンニク（みじん切り）　特大2カケ分
トマト（粗みじん切り）　小1個分
A
├ **クミンパウダー**　小さじ2
├ **コリアンダーパウダー**　大さじ2
├ **チリパウダー**　小さじ1
├ **ターメリック**　小さじ1
└ **塩**　小さじ1
香菜（粗みじん切り）　15g
香菜（茎ごと）　2本
レモン（あれば。くし形切り）　適量

1. メバルはワタとエラを取り除き、水分をふき取り、両面に斜めの切り込みを3ヵ所ずつ入れておく。
2. フライパンに油と玉ネギを入れ、混ぜながら弱めの中火で加熱する。
3. 玉ネギが透き通ったら青唐辛子、生姜、ニンニクを加え、混ぜながら加熱する。
4. ニンニクに火が通ったらトマトを加え、混ぜながら加熱する。
5. トマトが崩れ始め水分が飛んだら、Aも加えてよく混ぜる。スパイスが香り立ってきたら火からおろし、粗みじん切りの香菜を加え、ブレンダーで固めのペースト状にする。
6. 5のペーストの1/4の量を1尾分として魚の両面に塗り、ラップフィルムに包んで冷蔵庫で一晩ねかせる。塗らなかった残りのペーストも冷蔵庫で保存しておく。
7. 焼く前に6の魚からペーストを取り除いて常温に戻し、それぞれの魚のお腹に香菜1茎を半分に折って入れておく。
8. 温めておいた焼き網に油（分量外）を塗り、7の魚をのせて裏側から焼く。
9. 裏面が焼けたら裏返し、おもて面には残しておいたペーストを半量ずつ塗って焼き上げる。

▶ポイント
・5で必要なら水を少量加えてもよい。
・盛り付けるときに、好みで香菜（みじん切り。分量外）を適量かけるとよりおいしい。
・食べる寸前に、好みでレモン果汁を適量かけてもよい。

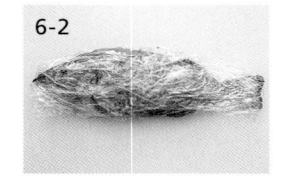

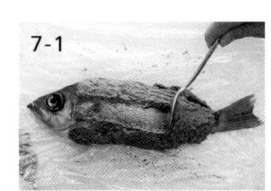

5　6-1　6-2　7-1

白身魚のレッドドライカレー

材料
カマス(または他の淡白な魚) 小2尾
植物油 大さじ1
玉ネギ(みじん切り) 小1個分
生姜(みじん切り) 40g
ニンニク(みじん切り) 特大2カケ分
トマト(みじん切り) 小1個分
香菜(みじん切り) 大さじ2
A
├ **クミンパウダー** 小さじ2
├ **コリアンダーパウダー** 大さじ2
├ **チリパウダー** 小さじ1
├ **ターメリック** 小さじ1
└ 塩 小さじ1
香菜(茎ごと) 2本

1 カマスはワタとエラを取り除いて水分をふき取り、両面に斜めの切り込みを3ヵ所ずつ入れておく。
2 フライパンに油と玉ネギを入れ、混ぜながら弱めの中火で加熱する。
3 玉ネギが透き通ったら生姜、ニンニクを加え、混ぜながら加熱する。
4 ニンニクに火が通ったらトマト、みじん切りの香菜を加え、混ぜながら加熱する。
5 トマトが崩れ水分が飛んだら、Aも加えて炒める。スパイスが香り立ってきたら火からおろし、ブレンダーで固めのペースト状にする。
6 5のペーストの1/4の量を1尾分として魚の両面に塗り、ラップフィルムに包んで冷蔵庫で一晩ねかせる。塗らなかった残りのペーストも冷蔵庫で保存しておく。
7 焼く前に6の魚からペーストを取り除いて常温に戻し、それぞれの魚のお腹に香菜1茎を半分に折って入れておく。
8 温めておいた焼き網に油(分量外)を塗り、7の魚をのせて裏側から焼く。
9 裏面が焼けたら裏返し、おもて面には残しておいたペーストを半量ずつ塗って焼き上げる。

▶ポイント
- 5で必要なら水を少量加えてもよい。
- 盛り付けるときに、好みで香菜(みじん切り。分量外)を適量かけるとよりおいしい。
- 食べる寸前に、好みでレモン果汁を適量かけてもよい。

{レモンライス}

材料
バスマティライス(またはジャスミンライス。p.119参照) 1カップ
ターメリック 小さじ1/8
塩 小さじ1/2〜の適量
レモン果汁 40ml
植物油 大さじ1強
マスタードシード(または**クミンシード**) 小さじ1

1 バスマティライスは日本米より軽く洗い、水加減をする。5分ほどしたらターメリックと塩を加え、日本の米と同様に炊飯器で炊く。
2 炊き上がったらボウルに移し、軽くかき混ぜておく。
3 フライパンに油とマスタードシードを入れて、弱火で温める。
4 マスタードシードがはじけ始めたら蓋をして、火を更に弱める。
5 マスタードシードの音が静まったら蓋を取り、油ごと2に加える。
6 手早く混ぜ、レモン果汁も加えてよく混ぜる。

▶ポイント
- あれば5でウラドダル(割り)小さじ1、カレーリーフ(生)1枝分(葉のみ)を加えると、より本格的なおいしさに。
*ウラドダルはインドの豆で、豆料理やカレーに使うほか、南インドなどでは香ばしい香りを加えるためにもよく使われる。ホール、スプリット(割り)、スキンドゥ(皮むき)の3種が販売されている。

ちょっとひと休み（ライタ） インドカレーをより爽やかにするマイルドな箸休め

トマトのライタ

材料
チェリートマト
　（種を取り、粗みじん切り）　7個分
玉ネギ（みじん切り）　大さじ1（山盛り）
生姜（みじん切り）　小さじ2
香菜（みじん切り）　大さじ1
ヨーグルト（プレーン）　大さじ6
チリパウダー　小さじ1/8
塩　小さじ1/4〜の適量

1. トマト以外の材料をボウルに入れ、よく混ぜておく。
2. 1にトマトを加える。
3. 冷蔵庫で30分ほど冷やす。

▶もっと本格的にするなら
・好みでコリアンダーパウダーまたはガラムマサラをひとつまみ程度加えてもよい。

にんじんのライタ

材料
ニンジン（チーズグレーターで粗めに
　削ぎおろす）　100g
生姜（みじん切り）　小さじ2（山盛り）
スペアミント（みじん切り）　小さじ1
ヨーグルト（プレーン）　大さじ8
ターメリック　小さじ1/8
塩　小さじ1/4〜の適量

1. 皮をむき、削ぎおろしたニンジンは手で絞っておく。
2. ニンジン以外の材料をすべてボウルに入れ、よく混ぜておく。
3. 2に1のニンジンを加え、冷蔵庫で30分ほど冷やす。

▶ポイント
・1ではニンジンから水が出てライタが水っぽくなるのを防ぐため、よく絞っておく。

ブルーベリーのライタ

材料
A
├ ブルーベリー　大さじ3（約40g）
└ キーウィ（5mm角に切る）　1/2個分
生姜（みじん切り）　大さじ1
香菜（みじん切り）　大さじ1
ヨーグルト（プレーン）　大さじ6
チリパウダー　小さじ1/8
コリアンダーパウダー（あれば）
　小さじ1
塩　小さじ1/4〜の適量

1. A以外の材料をすべてボウルに入れ、よく混ぜておく。
2. 1にAを加える。
3. 冷蔵庫で30ほど冷やす。

野菜カレー

おいしい野菜カレーを作るために

- 野菜カレーを作るときには、ほとんどの場合ホールスパイスを
入れなくても充分においしく仕上がります。もし手元に
ホールスパイスがあったら、写真の野菜カレー用ブーケガルニを
加えると味に奥行きが出てよりおいしく仕上がります。
すべて揃わない場合にはあるものだけでもけっこうです。
- 野菜カレーは基本的に弱火でじっくり仕上げると、
野菜の旨みとスパイスがより調和しておいしく仕上がります。
- 野菜は洗った後、水分を完全に取り除いてから使うと、
水っぽくなく本来の野菜の旨みが味わえる
おいしいカレーに仕上がります。

野菜カレー用ブーケガルニ
ベイリーフ　1枚
クローブ　1個
乾燥赤唐辛子　1本

野菜カレー　**アルーゴビマター**

アルーゴビマターは、インドの代表的なベジタリアンカレーのひとつで、世界中のインド料理店でもよく見かけるメニューです。アルーはじゃがいも、ゴビはカリフラワーのことです。
日本の「肉じゃが」のような感覚で食べられている家庭料理でもあります。
ここではグリンピース（マター）を加えていますが、なくてもおいしく仕上がります。

材料
ジャガイモ（一口大に切る）　中3個分
カリフラワー（ジャガイモに大きさを合わせる）　200g
植物油　大さじ1
クミンシード　小さじ1/2
野菜カレー用ブーケガルニ（あれば。p.101参照）　1組
生姜、青唐辛子（みじん切りを2:1の割合で）　大さじ2
トマト（みじん切り）　大2個分

A
├ **コリアンダーパウダー**　小さじ2
├ **チリパウダー**　小さじ1/2
├ **ターメリック**　小さじ1/2
└ 塩　小さじ1/2〜の適量
グリンピース（あれば）　大さじ3
香菜（みじん切り）　大さじ2
トマトペースト　小さじ1弱

1　厚手の鍋に油とクミンシードを入れて（あれば野菜カレー用ブーケガルニも）、弱めの中火で温める。
2　クミンシードのまわりに泡が立ち始めたら生姜、青唐辛子を加えてよく混ぜ、ジャガイモ、カリフラワーも加えて混ぜ、蓋をして弱火で加熱する。
3　2の野菜が柔らかくなり始めたら、トマトを加えて混ぜ、再び弱火で加熱する。
4　トマトの形が崩れ始めたらAを加え、蓋をして弱火で10分加熱する。
5　トマトが崩れたらグリンピース、香菜、トマトペーストも加え、ソースにとろみがつくまで弱火で加熱する。

▶ もっと本格的にするなら
・盛り付けるときに、好みで香菜（みじん切り）を適量加えてもよい。

ミックスベジタブルカレー

一言でミックスベジタブルカレーといっても、使われる野菜も味も様々ですが、
ここではトマト味がベースのカレーをご紹介します。
じゃがいもとトマトさえあれば他の野菜を加えて作って頂いても大丈夫です。
我が家の味付けは生姜と青唐辛子でサッパリと仕上げるのが特徴です。

オクラとズッキーニのカレー

インド料理にオクラが使われているのをはじめて見たときには、日本でお馴染みの野菜が使われていることに、なんだかほっとしたものでした。オクラは水と交わるとぬめりが出るので、カレーで使うときには水分を完全にふき取ってから調理することがおいしさのコツです。

なすのバルタ

バルタとは加熱した野菜をつぶしたものを使って作るソースのないカレー。
ここでは焼きなすをつぶしてカレーにした、パンジャブ州のバインガン・バルタというカレーをご紹介します。ナンやチャパティなど、インドのパンによく合うカレーです。

ミックスベジタブルカレー

材料
A
├ ベビーコーン（一口大に切る）　9本分
├ ドジョウインゲン（一口大に切る）　10本分
├ カリフラワー（一口大に切る）　約100g
├ ニンジン（一口大に切る））　小1本分（100gほど）
└ ジャガイモ（一口大に切る）　大2個分
植物油　大さじ1
クミンシード　小さじ1/2
野菜カレー用ブーケガルニ（あれば。p.101参照）
　　1組
玉ネギ（みじん切り）　中1/2個分
生姜（みじん切り）　大さじ2
青唐辛子（みじん切り）　1本分
トマト（みじん切り）　大2個分
トマトペースト　小さじ1/2
B
├ **コリアンダーパウダー**　小さじ1（山盛り）
├ **ターメリック**　小さじ1/2
└ **チリパウダー**　小さじ1/2
香菜（みじん切り）　大さじ3（山盛り）
塩　小さじ1/2〜の適量

1　厚手の鍋に油とクミンシードを入れて（あれば野菜カレー用ブーケガルニも）、弱めの中火で温める。
2　クミンシードのまわりに泡が立ち始めたら、玉ネギを入れ、混ぜながら弱めの中火で温める。
3　玉ネギがしんなりして透き通ってきたら、生姜、青唐辛子を加えてよく混ぜる。
4　生姜の香りが立ってきたらトマトを加えてよく混ぜ、Aの野菜も加えて蓋をし、弱火で加熱する。
5　野菜が柔らかくなったらBのパウダースパイス、トマトペースト、香菜、塩を加えて混ぜ、蓋をして弱火でとろみがつくまで加熱する。

▶ ポイント
・**5**でトマトの水分が多く、かなり水っぽくなってしまった場合は、蓋を取り、ソースのとろみを加減してもよい。

▶ もっと本格的にするなら
・**2**で玉ネギを加える前に、あればヒング（p.119参照）小さじ1/8〜1/2を加えるとコクが出る。
・盛る付ける寸前に、好みで香菜（みじん切り）を適量加えてもよい。

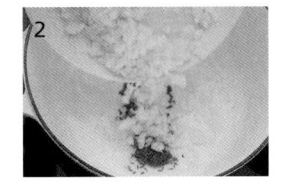

オクラとズッキーニのカレー

材料（2人分）
オクラ（半分に切る） 250g
ズッキーニ（拍子木切り） 小1本分
玉ネギ（みじん切り） 中1/4個分
植物油 大さじ1
野菜カレー用ブーケガルニ（p.101参照） 1組
クミンシード 小さじ1/2
コリアンダーパウダー 小さじ2（山盛り）
チリパウダー 小さじ1/2
生クリーム（またはココナッツミルク） 120ml
塩 小さじ1/2〜の適量

1. 厚手の鍋に油とクミンシード、野菜カレー用ブーケガルニを入れて弱めの中火で温める。
2. クミンシードのまわりに泡が立ち始めたら、玉ネギを入れ、混ぜながら弱めの中火で加熱する。
3. 玉ネギがしんなりして茶色くなり始めたら、オクラ、ズッキーニを加えて混ぜ、蓋をして弱火で加熱する。
4. 野菜がしんなりしたらコリアンダーパウダー、チリパウダーを加えてよく混ぜ、蓋をして弱火で加熱する。
5. 野菜が柔らかくなったら生クリーム、塩を加え、蓋をして2分ほど弱火で加熱する。

▶ ポイント
・オクラはぬめりを出さないために、洗ってからよく水気をふきとり、弱火でじっくり火を通す。また、途中で足し水をしない。

▶ もっと本格的にするなら
・**1**で、あればヒング（p.119参照）小さじ1/8を加えると味に深みが加わる。

なすのバルタ

材料（2人分）
ナス 大5個
玉ネギ（みじん切り） 中1個分
トマト（みじん切り） 中2個分
グリンピース（生。なくてもよい） 大さじ2
生姜（みじん切り） 大さじ1
青唐辛子、ニンニク（みじん切り）
　各小さじ1（山盛り）
植物油 大さじ1
クミンシード 小さじ1/2
野菜カレー用ブーケガルニ（あれば。p.101参照）
　1組
A
├ **コリアンダーパウダー** 小さじ2
├ **チリパウダー** 小さじ1/2
├ **ターメリック** 小さじ1/4
├ **ガラムマサラ** 小さじ1/4
└ 塩 小さじ1/2〜の適量
香菜（みじん切り） 大さじ3

1. 好みの方法で焼きナスを作る。できた焼きナスはヘタを取り、皮をむいてみじん切りにしておく。
2. 深めのフライパンに油とクミンシードを入れて（あれば野菜カレー用ブーケガルニも）、弱めの中火で温める。
3. クミンシードのまわりに泡が立ち始めたら、玉ネギを入れ、混ぜながら弱めの中火で加熱する。
4. 玉ネギがしんなりして茶色くなり始めたら生姜、青唐辛子、ニンニクを加えてよく混ぜる。
5. ニンニクに火が通ったらトマトを加え（あればグリンピースも）、混ぜながら加熱する。
6. トマトが崩れて水分が飛び始めたら、**1**の焼きナス、**A**のパウダースパイスと塩を加えて加熱し、香菜を加えてよく混ぜてから盛り付ける。

▶ もっと本格的にするなら
・好みでレモン果汁（またはライム果汁、マンゴーパウダー〈p.119参照〉）少量を、**6**で加えてもよい。

なすとじゃがいものカレー

このレシピは義母から受け継いだノートに書かれていたものです。
うっかり見過ごしてあまり作っていなかったのですが、ある日あの味を食べたいと主人にいわれ、はじめてこのレシピを使って作りました。とてもおいしかったのでこの本でもご紹介します。
シンプルなトマトベースのカレーですから、チャパティなどのパンにもご飯にもよく合います。

ほうれん草とマッシュルームのカレー

とても簡単でマイルドなカレーです。
野菜に火が通ってからソースを仕上げる
のが野菜カレーの基本ですが、
このカレーは少し異なります。ほうれん草と
マッシュルームはすぐに火が通るので、
ソースを作ってから最後に加えてください。
ほうれん草のきれいな緑と
マッシュルームのおいしさが際立ちます。

ダルパラック
（豆とほうれん草のカレー）

豆にほうれん草（パラック）を加えた
食べやすいカレーです。ここで使う豆は、
水に長い間漬すことなく使えますので、
思いついたらすぐに作れます。どちらかと
いえばサッパリしたベジタリアンカレー
ですが、豆のおいしさがなんともいえず、
また食べたくなる味です。

なすとじゃがいものカレー

材料
ナス　5個
ジャガイモ（一口大に切る）　中3個分
植物油　大さじ1
マスタードシード　小さじ1/4
クミンシード　小さじ1/4
ニンニク（皮をむき、つぶす）　1カケ
水　25ml
トマト（みじん切り）　中2個分
トマトペースト　小さじ1
A
├ **コリアンダーパウダー**　小さじ2（山盛り）
├ **ターメリック**　小さじ1/4
└ **チリパウダー**　小さじ1/2
香菜（みじん切り）　大さじ1（山盛り）
塩　小さじ1/2〜の適量

1. ナスはヘタを取り除き、長さを半分に切ってから、それぞれを4等分のくし形に切る。
2. 厚手の鍋に油とマスタードシードを入れて、弱火で温める。
3. マスタードシードがはじけ始めたら、クミンシードを加え、蓋をして更に火を弱める。
4. マスタードシードの音が静まったら蓋を取り、ニンニクを加えて弱火で加熱する。
5. ニンニクの香りがしてきたら**1**のナス、ジャガイモ、水25mlを加え、蓋をして弱火で加熱する。
6. ジャガイモが柔らかくなり始めたらトマトを加え、蓋をして弱火で加熱する。
7. トマトの形が崩れ始めたらA、トマトペースト、香菜、塩を加え、蓋をして、トマトが崩れてソースにとろみがつくまで弱火で加熱する。

ほうれん草とマッシュルームのカレー

材料（2人分）
マッシュルーム（好みの大きさに切る）　500g
ホウレン草（3cm幅に切る）　360g
植物油　大さじ1
マスタードシード（または**クミンシード**）
　小さじ1/2
野菜カレー用ブーケガルニ（あれば。p.101参照）
　1組
生姜、ニンニク（すりおろしを2：1の割合で）
　大さじ2
A
├ **コリアンダーパウダー**　小さじ1（山盛り）
├ **ターメリック**　小さじ1/2
└ **チリパウダー**　小さじ1/2
B
├ トマトペースト　小さじ1/2
├ ココナッツミルク　200ml
└ 塩　小さじ1/2〜の適量

1. 厚手の鍋に油とマスタードシードを入れて（あれば野菜カレー用ブーケガルニも）、弱火で温める。
2. マスタードシードがはじけ始めたら、蓋をして更に火を弱める。
3. マスタードシードの音が静まったら、生姜、ニンニクを加えてよく混ぜる。
4. ニンニクに火が通ったら、Aのパウダースパイスを加えてよく混ぜる。
5. 続けてBを加えてよく混ぜ、蓋をして弱火で5分ほど加熱する。
6. マッシュルームとホウレン草を加えてよく混ぜ、蓋をして、弱火で野菜に火が通るまで加熱する。

ダルパラック（豆とほうれん草のカレー）

材料
ツールダル（またはレッドレンティル）
　1カップ（180ml）
ターメリック　小さじ1/4
水　900ml
植物油　大さじ1
クミンシード　小さじ1
野菜カレー用ブーケガルニ（あれば。p.101参照）
　1組
玉ネギ（みじん切り）　中1/2個分
生姜、ニンニク（みじん切りを2：1の割合で）
　大さじ2（山盛り）
青唐辛子（切り込みを入れておく）　1本
ホウレン草（茎を除き3cmほどに切る）　1把分
トマトペースト　小さじ1/4
A
├ **コリアンダーパウダー**　小さじ2（山盛り）
├ **チリパウダー**　小さじ1/2
└ **ターメリック**　小さじ1/2
塩　小さじ1/2〜の適量

＊ツールダルはだいだい色の豆で淡白な味。早く調理できるのでよく使われる。
＊レッドレンティルはオレンジ色の豆で、小粒で薄い形が特徴。早く煮上がる。

1　厚手の鍋に分量の水とツールダル、ターメリックを入れ、蓋をして豆が柔らかくなるまで弱火で煮る（必要なら途中で差し水をしてもよい）。煮上がったら火からおろし、煮汁ごと取っておく。
2　厚手の別鍋に油とクミンシードを入れて（あれば野菜カレー用ブーケガルニも）、弱めの中火で温める。
3　クミンシードのまわりに泡が立ち始めたら、玉ネギを入れ、弱めの中火で加熱する。
4　玉ネギが透き通り柔らかくなり始めたら生姜、ニンニク、青唐辛子を加え、弱火で加熱する。
5　ニンニクに火が通ったらAのパウダースパイスを加えて混ぜ、1の豆を煮汁ごと入れてトマトペーストも加え、蓋をして弱めの中火で5分ほど加熱する。
6　ホウレン草を加え、蓋をして弱火で加熱する。
7　ホウレン草がしんなりしたら蓋を取り、ソースにとろみがつくまで加熱する（必要であれば適量の水を加えてもよい）。
8　塩で味を調える。

▶ポイント
・**1**で豆が柔らかくなったときには、豆にひびが入り開いたようになる。

▶もっと本格的にするなら
・火からおろす寸前に、好みでガラムマサラ小さじ1/8を加えてもよい。

ほうれん草と卵のカレー

ゆで卵の入ったカレーは、インド人の間でも
通称エッグカレーと呼ばれ、親しまれています。
ベジタリアンの方は卵を食べないので、
本来は野菜カレーではないのですが、
ソースにたっぷりと野菜を使っていることから、
この本では野菜カレーの項に入れました。

トマトと卵のカレー

この赤いソースの卵カレーは、もともと
パンジャブ州で生まれたといわれています。
そのためクリームを加えた、濃厚でコクの
あるソースが特徴です。ゆで卵をソースの
中で崩しながら召し上がってください。
クリームが苦手な方は、生クリームと
ココナッツミルクを抜かして作っても、
また別のおいしさが味わえます。

チリチャナ

ベジタブルカレーの中でも特に人気のあるヒヨコ豆のカレーのひとつです。ここでは新鮮なトマトをたっぷり使って作りました。簡単に比較的短時間で作れるカレーです。写真のパン（プーリ）と一緒に食べることが多いようです。

ほうれん草と卵のカレー

材料
卵　3個
ホウレン草（粗みじん切り）　1把分
玉ネギ（みじん切り）　大1個分
植物油　大さじ1
クミンシード　小さじ1/2
野菜カレー用ブーケガルニ（あれば。p.101参照）
　1組
生姜、ニンニク（すりおろしを2：1の割合で）
　大さじ2（山盛り）
A
├ **コリアンダーパウダー**　小さじ2（山盛り）
├ **クミンパウダー**　小さじ1/2
├ **チリパウダー**　小さじ1/2
├ **ターメリック**　小さじ1/4
└ **ガラムマサラ**　小さじ1/8
B
├ 生クリーム　200ml
├ ココナッツミルク　60ml
├ 炒め玉ネギ（こげ茶色。市販品可）　大さじ1
└ トマトペースト　小さじ1/2
塩　小さじ1/2～の適量

1　卵は固ゆでにして殻をむき、縦半分に切っておく。
2　厚手の鍋に油とクミンシードを入れて（あれば野菜カレー用ブーケガルニも）、弱めの中火で温める。
3　クミンシードのまわりに泡が立ち始めたら、生姜、ニンニクを加えてよく混ぜる。
4　ニンニクの香りがしてきたら玉ネギを加え、かき混ぜながら弱めの中火で加熱する。
5　玉ネギがしんなりと透き通ったら、Aのパウダースパイスを加えて混ぜ、スパイスの香りが立ってきたらBも加え、蓋をして2分ほど加熱する。
6　玉ネギが柔らかくなりスパイスがソースと馴染んだら、ホウレン草を加え、蓋をして、弱火で加熱する。
7　ホウレン草に火が通ったら塩を加えてよく混ぜ、火を止め、ブレンダーでなめらかなソースにする。

8　器に7のソースを盛り、1の卵を浮かべ、卵の上にチリパウダー（分量外）を好みで散らす。

▶ もっと本格的にするなら
・野菜カレー用ブーケガルニに、更にクローブ2個、グリーンカルダモン2個、シナモン5cmを加えるとより深みのある味になる。

トマトと卵のカレー

材料
卵　3個
トマト（みじん切り）　大2個分
玉ネギ（みじん切り）　大1個分
植物油　大さじ1
クミンシード　小さじ1/2
野菜カレー用ブーケガルニ（あれば。p.101参照）
　1組
生姜、ニンニク（すりおろしを2：1の割合で）
　大さじ2（山盛り）
A
├ **コリアンダーパウダー**　小さじ2（山盛り）
├ **チリパウダー**　小さじ1/2
├ **ターメリック**　小さじ1/2
└ **ガラムマサラ**　小さじ1/4
B
├ 生クリーム　100ml
├ ココナッツミルク　90ml
├ 炒め玉ネギ（こげ茶色。市販品可）　小さじ1
└ トマトペースト　小さじ1
塩　小さじ1/2～の適量
香菜（みじん切り。好みで）　適量

1　卵は固ゆでにして殻をむき、縦半分に切っておく。
2　厚手の鍋に油とクミンシードを入れて（あれば野菜カレー用ブーケガルニも）、弱めの中火で温める。
3　クミンシードのまわりに泡が立ち始めたら、生姜、ニンニクを加えてよく混ぜる。
4　ニンニクに火が通ったら玉ネギを加え、かき混ぜながら弱めの中火で加熱する。
5　玉ネギがしんなりと透き通ってきたら、トマトを加え、蓋をして弱火で加熱する。

6 トマトが崩れてきたらAのパウダースパイスを加えて混ぜ、蓋をして弱火で加熱する。

7 トマトが完全に崩れて玉ネギも柔らかくなったら、Bを加え、蓋をして2分ほど加熱する。

8 トマトソースに生クリームが馴染んだら、火を止めてブレンダーでなめらかなソースにし、塩で味を調え、蓋をして2分ほど弱火で加熱する。

9 器に8のソースを盛り、1の卵を浮かべ、卵の上に香菜を好みで散らす。

▶ もっと本格的にするなら
- 2で野菜カレー用ブーケガルニに、更にクローブ2個、グリーンカルダモン2個、シナモン5cmを加えると、より深みのある味になる。
- 好みにより、2でブラックカルダモン（p.119参照）1個を加えてもよい。
- 好みで無塩バター（またはギー）小さじ2を、8で蓋をする寸前に加えてもおいしい。

チリチャナ

材料
ヒヨコ豆（水煮缶詰）　1缶
トマト（粗みじん切り）　中2個分
生姜（みじん切り）　大さじ2（山盛り）
青唐辛子（みじん切り）　1〜2本分
香菜（みじん切り）　大さじ3（山盛り）
植物油　大さじ1
クミンシード　小さじ1/2
A
┌ **コリアンダーパウダー**　小さじ1（山盛り）
├ **チリパウダー**　小さじ1/2
└ **ターメリック**　小さじ1/4
塩　小さじ1/2〜の適量

1 ヒヨコ豆の水煮缶詰は、缶の水を捨て、豆を冷水とともにボウルに入れ、手でこするようにして皮をむく（急ぎの場合はそのままでもよい）。

2 厚手の鍋に油とクミンシードを入れて、弱めの中火で温める。

3 クミンシードのまわりに泡が立ち始めたら、生姜、青唐辛子を加えてよく混ぜ、トマトも加えて混ぜ、蓋をして弱火で加熱する。

4 トマトの形が崩れ始めたら、Aのパウダースパイスを加えて混ぜ、1のヒヨコ豆も加えて混ぜ、蓋をして弱火で20分加熱する。

5 トマトが完全に崩れ、ヒヨコ豆も柔らかくなったら、塩で味を調え、香菜を加え、ソースにとろみがつくまで蓋をして弱火で加熱する。

▶ もっと本格的にするなら
- このレシピの場合なくてもよいが、あれば野菜カレー用ブーケガルニ（p.101参照）を2で加えるとよい。
- 3で生姜と青唐辛子を加える前に、ヒング（p.119参照）小さじ1/8を加えると、よりコクが出る。
- 4でタマリンドペースト小さじ1/8強を加えると、より本格的な味になる。

{プーリ}

チャパティの生地を焼かずに揚げて作る、どんなカレーにも合わせやすいパンです。チャパティの生地より少し固めに作ること、油の温度を保つことがおいしく作るコツです。インド人が作っても膨らまないことがあるので、膨らまなくても気落ちしないで。膨らまなかったものも召し上がれます。

材料（6枚分）
チャパティ粉（p.119参照）　130g
塩　小さじ1/2弱
植物油　大さじ1
ぬるま湯　60ml〜（粉の状態により調整）

1〜4まではチャパティ（p.50）の作り方と同様。

5 手のひらに油（分量外）をつけ、生地を10等分にして表面がなめらかになるように丸める。

6 丸めた生地を両手のひらでつぶす（残りの生地にはラップフィルムをかけておく）。

7 ロールパッドの上でローリングピンを使い、6の生地を直径10cmの円に伸ばす。

8 揚げ物用の鍋にたっぷりの油（分量外）を入れ、200℃に熱しておく。

9 7の生地をすべらせるように8の油に入れ、かす上げで生地が浮き上がるのを軽く押さえる。

10 生地に気泡ができてきたら、生地の端を押さえながら、丸く膨らむのを待つ。

11 裏返して数秒待ち、もう一度裏返してから、天ぷらの要領で油を切る。

大根のサンバル

サンバルを「豆と野菜を使って作るスープのようなもの」と説明すると、インド人は必ず「サンバルはサンバルだ！！」と首を傾げます。それでも私たち日本人にとっては、この説明が一番わかりやすいのではないでしょうか。サンバルはもともと、ミールス（バナナの葉の上に様々な料理が並ぶ南インドのお膳）のひとつとして、他の料理に添えて出されるもの。たくさんの野菜と豆が一度に摂れてバランスがとてもよいので、朝食やスナックとして単体で食べられることもあります。その場合はサンバルも主役になり、ピクルスやチャツネが添えられ、米と豆で作った蒸しパン（イドリー）に浸して食べます。

ラサム

ラサムはスパイシーで甘酸っぱい爽やかなスープです。このラサムも南インドの食卓には欠かせないもののひとつです。カレーの本なのでこのラサムのレシピを載せることを迷いましたが、カレーを作ったときに、ぜひこのスープも作ってお召し上がりいただきたいと思い、ご紹介しました。特に暑い日が続く夏に食べると、体調がすっきりするといわれています。

大根のサンバル

材料（4人分）
ツールダル（またはレッドレンティル。p.111参照）
　1カップ（180ml）
水　720ml
ターメリック　小さじ1/4
生姜（みじん切り）　大さじ1（山盛り）
野菜
├大根（いちょう切り）　2カップ（山盛り）
├トマト（粗みじん切り）　中2個分
├玉ネギ（粗みじん切り）　中1/2個分
├ジャガイモ（一口大に切る）　中1個分
├ニンジン（一口大に切る）　50g
└サツマイモ（一口大に切る）　小1本分
植物油　大さじ1
A
├**マスタードシード**（または**クミンシード**）
　　小さじ1/2
└**フェヌグリークシード**（p.119参照）　小さじ1/2
B
├**コリアンダーパウダー**　小さじ2
├**クミンパウダー**　小さじ1/4
├**ターメリック**　小さじ1/4強
└**チリパウダー**　小さじ1/4〜1/2（山盛り）
C
├タマリンドペースト　小さじ1/2
├水　650ml
├香菜（粗みじん切り）　大さじ3（山盛り）
└塩　小さじ1/2〜の適量

1　厚手の鍋に分量の水とツールダル、ターメリックを入れ、蓋をして豆が柔らかくなるまで弱めの中火で煮る。煮上がったら火からおろし、煮汁ごと取っておく。
2　厚手の別鍋に油とAを入れて、弱火で温める。
3　マスタードシードがはじけ始めたら、蓋をして更に火を弱める。
4　マスタードシードの音が静まったら、生姜、野菜をすべて入れ、蓋をして、時々混ぜながら弱火で加熱する。
5　トマトが崩れ始めたら、Bのパウダースパイスを加えて混ぜ、蓋をして弱火で加熱する。
6　野菜が柔らかくなったら1の豆を煮汁ごと入れてCも加え、蓋をして弱火で加熱する。
7　野菜と豆が煮崩れてきたら、火を止め、ブレンダーで80%をソースにし、20%ほどの野菜は形を残すようにする。塩で味を調え、蓋をして弱火で数分加熱する。

▶ポイント
・1のツールダルは、柔らかくなり、口が開いたように見える状態まで煮る。必要であれば途中で水を加えてもよい。

▶より本格的にするなら
・3で、あればヒング（p.119参照）小さじ1/4を加えるとコクが出る。
・7で火からおろす寸前に、タルカ（下記参照）をすると、より本格的な味になる。

＊**タルカ**（英：テンパリング。料理に風味を加えるためのトッピング的手法）
小さめの鍋に大さじ1〜2の植物油（またはギー）とマスタードシード（またはクミンシード）小さじ1/2、乾燥赤唐辛子1本を入れて弱火で温める。マスタードシードがはじけ始めたら（またはクミンシードのまわりに泡が立ち始めたら）カレーリーフ生の葉を1枝分加え、蓋をして弱火で加熱する。音がおさまったらすぐに火からおろし、7の鍋に油ごとスパイスを加える。

▷ラサムのレシピはp.118

ラサム

材料

ツールダル（またはレッドレンティル。p.111参照）
　50g
ターメリック　小さじ1/4
水　540ml
植物油　大さじ1強
A
├ **マスタードシード**　小さじ1/2
└ **クミンシード**　小さじ1/2
トマト（粗みじん切り）　中2個分
青唐辛子（あれば。切り込みを入れる）　1本
B
├ **コリアンダーパウダー**　小さじ1（山盛り）
├ **チリパウダー**　小さじ1/4
├ **ターメリック**　小さじ1/4
└ **黒コショウ（粗挽き）**　小さじ1/2
タマリンドペースト　小さじ1/2
香菜（みじん切り）　大さじ2
塩　小さじ1/2〜の適量

1　厚手の鍋に分量の水とツールダル、ターメリックを入れ、蓋をして豆が柔らかくなるまで弱めの中火で煮る（必要なら途中で差し水をしてもよい）。煮上がったら火からおろし、煮汁ごと取っておく。

2　厚手の別鍋に油とAを入れて、弱火で温める。

3　マスタードシードがはじけ始めたら、蓋をして更に火を弱める。

4　マスタードシードの音が静まったら蓋を取り、トマトと青唐辛子を入れる。

5　トマトが崩れ始めたら1の豆を煮汁ごと加え、Bのパウダースパイス、タマリンドペースト、香菜、水500ml（分量外）を加え、蓋をして5分ほど弱火で加熱する。

6　トマトが完全に崩れたら蓋を取り、塩で味を調え、スープにわずかにとろみがつくまで弱火で加熱する。

▶ ポイント
・通常はクミンシードを焦がさないように、マスタードシードがはじけ始めてから加えるが、ここではクミンシードが少し焦げたほうがおいしいのであえて一緒に加える。

▶ もっと本格的にするなら
・2で、あればヒング（p.119参照）小さじ1/8を加えると、より本格的な味に。
・生のカレーリーフが手に入ったら、3で加えるとより香りが引き立つ。乾燥カレーリーフの場合は、5で小さじ1を香菜とともに加える。
・6で火からおろす寸前に、タルカ（p.117参照）をするとよりおいしく仕上がる。

インドカレーをより本格的にするスパイス・食材

カスリメティ
フェヌグリークの葉を乾燥させたもの。独特の香りでセロリやフェンネルにも似ている。苦みがあるので使いすぎに注意。

八角
中華料理でお馴染みのスパイス。ごく一部のインド料理やカレーで使われる。

フェンネルシード
クミンシードに似ているので間違えないように。爽やかな香りで魚や肉の臭みを消す。

黒コショウ
コショウを天日で乾燥させたもの。挽き方で辛さが異なり、細かいものほど辛くなる。

ブラックカルダモン
深く重みのある香りと奥深い味を加える。チキンや他のミートカレーに1粒加えると、味に深みが増す。

フェヌグリークシード
フェヌグリークの種。パワフルな香りなので数粒の極少量を使用する。使いすぎると苦みが出る。

ヒング（アサフォエティダ）
ジャイアントフェンネルの樹液を乾燥させ粉にしたもの。臭いがきついが、調理とともに香りは消え、料理のコクを出す。

マンゴーパウダー
未完熟マンゴーを乾燥させ挽いたもの。爽やかな酸味と香りを加える。

ヒヨコ豆の粉
カレーの具の団子を作るときや、ソースが水っぽいときの応急処置として使うこともある。応急処置としてソースにとろみをつける場合は、水で溶いたものを少量ずつ加えていく。

チャパティ粉
インドのパンを作るための粉。メーカーにより仕上がりの味も質感も異なる。手に入らなかった場合は、日本の薄力粉で代用することもできる。

ココナッツファイン（無加糖）
ココナッツの果肉を乾燥させて粉末にしたもの。日本では製菓用が入手しやすい。本書ではこれにココナッツミルクを加えたものを、生のココナッツの代用で使用している。

バスマティライス
インドの最高級のお米。日本の白米同様に炊飯器で炊くことができる。タイのジャスミンライスで代用することも可能。

食材入手先リスト

スパイス・その他：
株式会社大津屋商店
東京都台東区上野 4-6-13
tel.03-3834-4077
http://www.ohtsuya.com

スパイス・インド食材
アンビカトレーディング株式会社
〔アンビカショップ〕
東京都台東区蔵前 3-19-2
tel.03-5822-6655
http://www.ambikajapan.com

スパイス・その他：
NATIONAL AZABU
〔ナショナル麻布スーパーマーケット〕
東京都港区南麻布 4-5-2
tel.03-3442-3181

スパイス・その他：
明治屋広尾ストアー
東京都渋谷区広尾 5-6-6
広尾プラザ1階
tel.03-3444-6221

スパイス・その他：
日進ワールドデリカテッセン
東京都港区東麻布 2-34-2
tel.03-3583-4586

スパイス・その他：
紀ノ国屋インターナショナル
東京都港区北青山 3-11-7
Aoビル B1
tel.03-3409-1231

スパイス・その他：
株式会社富澤商店
オンラインショップ
http://www.tomizawa.co.jp/

スパイス・その他：
KALDI カルディ
オンラインショップ
http://www.kaldi.co.jp

カレーリーフ〈夏季のみ販売〉：
株式会社吉池
東京都台東区上野 3-27-12
tel.03-3831-0141

撮影協力
ル・クルーゼ ジャポン株式会社
東京都港区麻布台 2-2-9
tel.03-3585-0198
http://www.lecreuset.co.jp

いちから始める インドカレー
簡単なのに本格味。とっておきの63カレー

初版印刷　2011年6月20日
初版発行　2011年7月15日

著者ⓒ　マバニ マサコ
発行者　土肥大介
発行所　株式会社　柴田書店
　　　　東京都文京区湯島 3-26-9 イヤサカビル 〒113-8477
　　　　電話　営業部　03-5816-8282（問合せ）
　　　　　　　書籍編集部　03-5816-8260
　　　　URL http://www.shibatashoten.co.jp
印刷・製本　図書印刷株式会社

本書収録内容の無断掲載・複写（コピー）・引用・データ配信等の行為は固く禁じます。
乱丁・落丁本はお取替えいたします。

ISBN978-4-388-06115-0
Printed in Japan